Русский язык

Diseño y maquetación: Claudio Bado y Mónica Bazán
Ilustraciones: Ramon Vilamajó

© 2004, *Violeta Nogueira, Marina Gorbatkina, Caridad Mercader, María Oganissian*
© 2004, *Herder Editorial, S.L., Barcelona*

5.ª impresión revisada, 1.ª edición

ISBN: 978-84-254-2185-3

Imprenta: Tesigraf
Depósito legal: B-198-2012
Printed in Spain

Herder
www.herdereditorial.com

Violeta Nogueira
Marina Gorbatkina
Caridad Mercader
María Oganissian

Coordinadora:
Violeta Nogueira

Русский язык

Ruso para hispanohablantes

libro de curso 2

Herder

Este conjunto de material didáctico es la continuación del curso *Ruso para hispanohablantes 1*. El método está compuesto por un libro de texto, un cuaderno de ejercicios –presentados en un solo volumen– y dos CD con el material auditivo.

Es un curso comunicativo de ruso para alumnos de lengua española. El manual está destinado a personas que tienen conocimientos básicos del idioma ruso y quieren seguir con el aprendizaje del mismo y profundizar en las estructuras gramaticales y expresiones idiomáticas para obtener mejor eficacia en la comunicación.

La competencia comunicativa es el objetivo que persigue este manual. Los alumnos y las alumnas podrán entender, hablar y escribir sobre temas cotidianos y de interés común utilizando la lengua rusa.

Por medio de dibujos y diálogos se introducen el léxico, las expresiones idiomáticas y las estructuras gramaticales. Éstas se encuentran enmarcadas en cuadros insertados en el texto. Cada palabra nueva introducida en el vocabulario la encontraran señalada en negrita.

El cuaderno de ejercicios está pensado como soporte complementario a las tareas del libro de texto. Por medio de ejercicios se consolidan y amplían los contenidos introducidos en el manual, que permiten reforzar los conocimientos sobre el léxico y las expresiones idiomáticas. Para la asimilación y aprendizaje de las estructuras básicas del idioma se utilizan ejercicios más reiterativos. En el cuaderno hay cuatro tests de control para que los alumnos puedan ver como han asimilado el material trabajado.

Este manual es el resultado del trabajo realizado por las profesoras del departamento de ruso de la Escuela Oficial de Idiomas de Barcelona (España).

Вин.п.	винительный падеж	caso acusativo
Дат.п.	дательный падеж	caso dativo
ед.ч.	единственное число	número singular
ж.р.	женский род	género femenino
Им.п.	именительный падеж	caso nominativo
имп.	повелительное наклонение	modo imperativo
м.р.	мужской род	género masculino
мн.ч.	множественное число	número plural
нескл.	несклоняемое слово	indeclinable
нсв	несовершенный вид	aspecto imperfectivo
пр.вр.	прошедшее время	pasado
Пр.п.	предложный падеж	caso prepositivo
Род.п.	родительный падеж	caso genitivo
св	совершенный вид	aspecto perfectivo
ср.р.	средний род	género neutro
Тв.п.	творительный падеж	caso instrumental
I	первое спряжение	primera conjugación
II	второе спряжение	segunda conjugación

Бу́дем знако́мы!

Как **здоро́ваются** ру́сские?

До́брое у́тро!   14.00 часо́в
До́брый день!   22.00 часа́
До́брый ве́чер!   8.00 часо́в

здоро́ваться - поздоро́ваться   *с кем?*

| 1.1   Упражне́ние. Кто с кем поздоро́вался?

Образе́ц:

Молодо́й челове́к   *поздоро́вался*   с дире́ктором:

1. Де́вушка _____ с дру́гом:

2. Де́душка _____ с Ви́тей:

3. Де́ти _____ с учи́телем:

РАЗРЕШИТЕ ПРЕДСТАВИТЬСЯ!

я, ты, он	**знаком**	
я, ты, она́	**знако́ма**	*с кем?*
мы, вы, они́	**знако́мы**	

 1.2 Задание. Слушайте и читайте.

- Оле́г, ты зна́ешь Рамо́на?
- Да, мы **знако́мы**, мы вме́сте учи́лись в МГУ.
- А Павла ты зна́ешь?
- Нет, с ним я ещё не знако́м.

 1.3 Задание. Давайте поговорим. (Pregunte a tres compañeros de clase.
¿A quién él/ella ya conoce y a quién aún no conoce?)

В кла́ссе.

- *Ири́на*, ты знако́ма с *Ма́ртой*?
- Да, знако́ма.
- А *с Па́влом*?
- Нет, не знако́ма.

и́мя	знако́м/а	не знако́м/а
Ири́на	*Ма́рта*	*Па́вел*

1.4 Задание. Слушайте и читайте.

знакомиться - познакомиться   с кем?

Русские **знакомятся** так:

А. В общежитии.

- Ты тоже будешь жить в этом общежитии?
- Да.
- Меня зовут Олег. А тебя?
- Марина.
- Будем знакомы.

На вечере.

- Простите, я пришёл на вечер один, никого не знаю. Давайте познакомимся. Меня зовут Олег.
- А меня Марина. Будем знакомы.

Марина и Олег **познакомились.**
Марина **познакомилась** с Олегом.
Теперь они знакомы.

Б. На конгрессе, на работе.

я, ты, он	**рад**
я, ты, она	**рада**
мы, вы, они	**рады**

- Здравствуйте! **Разрешите представиться**!
  Павлов Степан Фёдорович.
- Очень приятно. Калинина Анна Борисовна.
  Рада с вами познакомиться.

Степан Фёдорович и Анна Борисовна **познакомились.**
Степан Фёдорович **познакомился** с Анной Борисовной.
Теперь они знакомы.

1.5 Упражнение.

знако́мы   *дава́й познако́мимся*   познако́мился   рад
разреши́те предста́виться   о́чень прия́тно   познако́милась
бу́дем знако́мы

а) Марк знако́мится с Па́влом.

М. - Мы у́чимся в одно́й гру́ппе,
    а ещё не знако́мы.
    Дава́й познако́мимся!
    Меня́ зову́т Марк.
П. - А меня́ Па́вел. О́чень прия́тно.

б) Константи́н знако́мится с Тама́рой.

К. - Вы то́же отдыха́ете здесь?
Т. - Да. Я здесь бу́ду неде́лю.
К. - Тогда́ _____.
    Константи́н, мо́жно **про́сто** Ко́стя.
Т. - А меня́ зову́т Тама́ра.

Тепе́рь они́ _____ .

Па́вел _____ с Ма́рком.

Тама́ра _____ с Константи́ном.

в) Мари́я Петро́вна знако́мится с Серге́ем Андре́евичем.

М.П. - _____ ! Меня́ зову́т Мари́я Петро́вна.
С.А. - _____ , Серге́й Андре́евич.
    _____ с ва́ми познако́миться.

Тепе́рь они́ _____ .

Мари́я Петро́вна _____ с Серге́ем Андре́евичем.

Серге́й Андре́евич _____ с Мари́ей Петро́вной.

1.6 Задание. Давайте поговорим. (Preséntese a los compañeros de clase que aún no conoce)

а) Познако́мьтесь с това́рищем, кото́рого вы ещё не зна́ете.

б) Напиши́те, с кем вы познако́мились.

_____

_____

1.7 Задание. Слушайте диалоги. Отметьте правильный ответ.

Диало́г 1.   Хо́рхе   а) знако́мится с Ни́ной.

б) уже́ знако́м с Ни́ной.

в) не зна́ет Ни́ну.

Диало́г 2.   Ве́ра познако́милась с О́льгой Петро́вной.   *ве́рно/неве́рно*

Диало́г 3.   С кем познако́милась Ка́рмен?

Ру́сские фами́лии

Э́то Серге́й Ива́нович.   Его́ фами́лия **Тара́сов**.
У него́ есть жена́.   Её фами́лия **Тара́сова**.

Э́то Бори́с Бори́сович.   Его́ фами́лия **Му́хин**.
У него́ есть дочь.   Её фами́лия **Му́хина**.

Э́то Алексе́й Дми́триевич.   Его́ фами́лия **Остро́вский**.
У него́ есть жена́.   Её фами́лия **Остро́вская**.

1.8 Задание. Слушайте и читайте.

по́мнить	*кого́? что?*
	о ком? о чём?

- Здра́вствуйте, Мари́я Ви́кторовна!
- Прости́те, по-мо́ему, мы не знако́мы.
- Ва́ша фами́лия Тара́сова?
- Да.
- Я рабо́таю с ва́шим му́жем, мы **колле́ги**. В про́шлом году́ вы со свои́м му́жем
  бы́ли в на́шей фи́рме, там мы и познако́мились.
- Да, да, вы пра́вы. Ва́ша фами́лия Ильи́нский, но я не **по́мню** ва́ше и́мя и
  о́тчество.
- Анто́н Па́влович.

1.9   Упражнение. Заполните таблицу. (Complete la tabla)

муж	жена́	сын	дочь
За́йцев	*За́йцева*	*За́йцев*	*За́йцева*
	Ко́шкина		
		Сидоре́нко	
			Сила́ева
	Михале́вская		
Арцимо́вич			

1.10   Задание.   а) Слушайте и читайте.

Здесь живу́т Фёдоровы: Михаи́л Петро́вич и Ната́лья Макси́мовна. Их дочь, Валенти́на, уже́ не живёт с ни́ми. У неё своя́ семья́, её фами́лия сейча́с не Фёдорова, а Соро́кина. Её му́жа зову́т Па́вел Семёнович Соро́кин. У них есть сын, кото́рого зову́т Ми́ша, как де́душку. Ми́ша лю́бит проводи́ть **выходны́е дни** с ба́бушкой и де́душкой.

Сего́дня Ми́ша с па́пой прово́дит весь день у ба́бушки и де́душки, потому́ что ма́ма рабо́тает. Она́ медсестра́. Она́ сего́дня **дежу́рит**.

За́втра воскресе́нье, Ми́ша пое́дет с роди́телями в лес, поэ́тому ему́ на́до встать ра́но.

проща́ться - попроща́ться	с кем?

Уже́ по́здно, поэ́тому они́ должны́ идти́ домо́й.

- Ми́ша, нам пора́, уже́ 7 часо́в. **Ты попроща́лся** с ба́бушкой и де́душкой?
- До свида́ния.
- До свида́ния, Ми́шенька. До **сле́дующей** суббо́ты, Па́вел.
- **Всего́ хоро́шего**.

б) Отве́тьте на вопро́сы.

1. Кака́я фами́лия была́ у Валенти́ны, когда́ она́ жила́ с отцо́м и ма́терью?
2. Как бу́дут звать Ми́шу, когда́ он бу́дет **взро́слый**?
3. Почему́ сего́дня Ми́ша у ба́бушки и де́душки?
4. Како́й сего́дня день?
5. Почему́ за́втра Ми́ша до́лжен встать ра́но?
6. Как попроща́лась ба́бушка с Ми́шей? А с Па́влом?
7. Как попроща́лся Па́вел?

до свида́ния
до за́втра

до понеде́льника
до среды́
до воскресе́нья
до встре́чи
до ве́чера

пока́
всего́ хоро́шего

споко́йной но́чи

1.11 Упражне́ние.

| *приве́т* | до ве́чера | до за́втра | здра́вствуйте |
| споко́йной но́чи | всего́ хоро́шего | | до́брое у́тро |

1. - _____*Приве́т*_____ , Ле́на!
   - Здра́вствуй, Кири́лл! Где ты был? Почему́ ты не хо́дишь на ле́кции?

2. - Приве́т, Ка́тя!
   - _____ , Юра!
   - Ты по́мнишь, что сего́дня ве́чером идём на конце́рт?
   - Коне́чно. _____ .

3. - Я о́чень спешу́ в поликли́нику, поговори́м за́втра на рабо́те. Пока́!
   - Хорошо́. _____ !

4. - До́брый день, Серге́й Ива́нович!
   - _____ , О́льга Тара́совна!

5. - До суббо́ты! Не забу́дь позвони́ть Ни́не!
   - Не забу́ду. _____ .

6. - _____ ! Я пойду́ спать.
   - Коне́чно, иди́. Ты о́чень уста́л.

РАЗРЕШИТЕ ПРЕДСТАВИТЬСЯ!

2 С кем вы договори́лись?

2.1 Задание. а) Слушайте и читайте.

- Ка́тя, дава́й пойдём за́втра в кино́?
- А како́й фильм идёт в на́шем кинотеа́тре?
- «Сиби́рский цирю́льник».
- Пойдём. Я не ви́дела э́тот фильм.
- Тогда́ до за́втра.
- **Договори́лись**, А́лла. Всего́ хоро́шего.

знако́миться - познако́миться
здоро́ваться - поздоро́ваться
проща́ться - попроща́ться
догова́риваться - договори́ться

с кем?

б) Отве́тьте на вопро́сы.

1. С кем А́лла договори́лась пойти́ в кино́?
2. Где идёт фильм, кото́рый хотя́т посмотре́ть подру́ги?
3. Когда́ подру́ги пойду́т в кино́?

2.2 Упражнение. С кем пойти́..?

Образец:

М. - Луи́с, *пойдём за́втра на вы́ставку*?
Л. - К сожале́нию, не могу́. Я договори́лся
  пойти́ за́втра в кино́ с Мари́ной.
М. - Тогда́ дава́й пойдём в **друго́й** день.
Л. - Хорошо́, Марк. Ты мо́жешь *в пя́тницу*?
М. - В пя́тницу? Могу́. Договори́лись.
Л. – До пя́тницы.

Ф о т о в ы с т а в к а
«Москва вчера и сегодня»

пойти́ на вы́ставку / пя́тница
по́ехать на пляж / понеде́льник
пойти́ в теа́тр / четве́рг

пойти́ в похо́д / суббо́та
пое́хать в дере́вню / среда́
пое́хать **за́ город** / воскресе́нье

Мануэ́ль договори́лся пойти́ в кино́ со свое́й **ру́сской** подру́гой Лари́сой,
а на вы́ставку он договори́лся пойти́ со свои́м **ру́сским** дру́гом Кири́ллом.

	с кем?		
с молод**ы́м**		с молод**о́й**	
с ру́сск**им**	журнали́стом	с ру́сск**ой**	журнали́сткой
с э́т**им**		с э́т**ой**	
с одн**и́м**		с одн**о́й**	

Э́то мой **мла́дший** брат, ему́ 8 лет,
э́то моя́ **ста́ршая** сестра́, ей 29 лет,
а мне 21 год.

2.3 Упражне́ние.

Образе́ц:

– С кем ты вчера́ был в рестора́не?
– *Со свое́й ста́ршей сестро́й.*   *моя́ ста́ршая сестра́*
_____

1. С кем ты обы́чно хо́дишь в кино́?   мой мла́дший брат
_____

2. С кем вы познако́мились на ве́чере?   оди́н молодо́й челове́к
_____

3. С кем ва́ша подру́га поздоро́валась в коридо́ре?   на́ша но́вая учи́тельница
_____

4. С кем вы договори́лись пое́хать ката́ться на лы́жах?   шко́льный друг
_____

5. С кем вы проща́лись в аэропорту́?   оди́н **знако́мый**
_____

6. С кем познако́мился ваш брат?   краси́вая де́вушка
_____

2.4 Задание. Слушайте и читайте.

- Люся, пойдём на выставку Кандинского?
- Я уже **ходила**, но с удовольствием пойду ещё раз.
- Тогда пойдём вечером?
- Договорились.

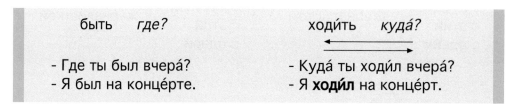

быть *где?*	ходить *куда?*
- Где ты был вчера?	- Куда ты ходил вчера?
- Я был на концерте.	- Я **ходил** на концерт.

 2.5 Задание. ХОДИТЬ и БЫТЬ

Образец:

- Гена, где ты был *вчера вечером*? Я тебе звонила, а тебя не было дома.
- Я ходил *на концерт*.

вчера вечером	вторник утром	суббота вечером	воскресенье	сегодня утром
концерт	поликлиника	клуб, вечер	консерватория	магазин

 2.6 Задание. а) Читайте и пишите.

познакомиться (2), говорить, договориться, приехать, попрощаться,
рассказывать, ходить

Будем знакомы: меня зовут Клара. Я немного расскажу о своём брате
и его друге.

У моего брата есть русский друг. Недавно он приехал в Барселону.
Я давно хотела _____*познакомиться*_____ с ним, мой брат очень много
_____ о нём. Он журналист, а я учусь на факультете
журналистики.

Вчера они с братом _____ в ресторан обедать,
но я не смогла пойти с ними, потому что у меня были лекции в университете.

Сего́дня ве́чером мой брат пригласи́л своего́ ру́сского дру́га на у́жин.

Наконе́ц-то, я _____ с ним. Его́ зову́т И́горь.

Мы до́лго _____ о поли́тике, о жи́зни в Росси́и.

Бы́ло о́чень интере́сно.

Мои́ роди́тели пригласи́ли И́горя в суббо́ту на да́чу. И́горь отве́тил, что

он с удово́льствием _____ , но не зна́ет, как

туда́ е́хать. Брат сказа́л ему́, что они́ мо́гут пое́хать вме́сте.

К сожале́нию, в суббо́ту я не смогу́ пое́хать на да́чу, потому́ что я

_____ со свое́й подру́гой пойти́ на вы́ставку.

Бы́ло уже́ по́здно. И́горь сказа́л, что ему́ на́до е́хать.

Он _____ и пое́хал в гости́ницу.

б) Расскажи́те, что вы узна́ли о Кла́ре.

2.7 Зада́ние. а) Слу́шайте пе́сню.

ОЙ, ЦВЕТЁТ КАЛИ́НА...
М. Исако́вский

Ой, цветёт кали́на в по́ле у ручья́.

Па́рня молодо́го _____ я.

Па́рня полюби́ла на свою́ беду́:

Не _____ откры́ться – сло́в я не найду́!

Он живёт – _____ ничего́ о том,

Что одна́ дивчи́на _____ о нём.

У ручья́ с кали́ны облета́ет цвет,

А _____ деви́чья не прохо́дит, нет!

А любо́вь деви́чья с _____ днём сильне́й.

Как же мне реши́ться – _____ о ней?

Я _____ , не сме́я во́лю дать слова́м...

Ми́лый мой, _____ , догада́йся сам!

б)

молодо́й челове́к   →   ми́лый
де́вушка   па́рень
дорого́й   дивчи́на

2.8   Зада́ние. Дава́йте поговори́м.

Как ру́сские здоро́ваются у́тром, днём и ве́чером?
Как они́ проща́ются? Что они́ говоря́т, когда́ иду́т спать?
Где вы познако́мились со свои́м дру́гом, подру́гой?
Когда́ вы познако́мились с ним, с ней?

взро́слый : mayor de edad

Но́вые слова́:

взро́слый (-ая, -ые)	mayor de edad
выходно́й (-ые)	libre, festivo (día)
дежу́рить нсв	hacer guardia
догова́риваться нсв	llegar a un acuerdo
договори́ться св	llegar a un acuerdo
дорого́й (-а́я, -о́е, -и́е)	querido
друго́й (-а́я, -о́е, -и́е)	otro
за́ город (е́хать)	fuera de la ciudad (ir)
здоро́ваться нсв	saludar
зе́ркало	espejo
знако́миться (знако́млюсь, знако́мишься...) нсв	conocer a alguien, presentarse
знако́мый (-ая, -ое, -ые)	conocido
журнали́стика	periodismo
колле́га м.р. и ж.р.	colega
ма́сло	mantequilla
мёд	miel
мла́дший (-ая, -ие)	menor (en la familia)
наконе́ц-то	¡por fin!
поздоро́ваться св	saludar
познако́миться св	conocer a alguien, presentarse
по́мнить нсв	recordar, tenerlo en la memoria
попроща́ться св	despedirse
про́сто	simplemente, sencillamente
проща́ться нсв	despedirse
рад (-а, -ы)	encantado, me alegro mucho
расска́з	relato
сле́дующий (-ая, -ее, -ие)	siguiente
ста́рший (-ая, -ие)	mayor (en la familia)
това́рищ	compañero
тогда́	entonces

Вы уже знаете, как...

...presentarse (nuevas formas):	- Бу́дем знако́мы!
	- Разреши́те предста́виться!
	- Рад (ра́да, ра́ды) с ва́ми познако́миться.
...decir si conoce o no a una persona:	Я, ты, он (не) знако́м с Олéгом.
...despedirse (nuevas formas):	До за́втра. До среды́. До встре́чи.
	Всего́ хоро́шего.
...distinguir el nombre completo del diminutivo:	Ми́ша = Михаи́л

Грамматика.

- Твори́тельный паде́ж прилага́тельных в еди́нственном числе́.
  (caso instrumental de los adjetivos en singular)

род	Твори́тельный паде́ж с кем? с чем?		
м.р.	с молоды́м с ру́сским с одни́м	журнали́стом	молодо́й ру́сский оди́н
ж.р.	с молодо́й с ру́сской с одно́й	журнали́сткой	молода́я ру́сская одна́
ср.р.	с холо́дным с горя́чим	молоко́м	холо́дное горя́чее

проси́ть - попроси́ть
(у) кого́? что?

я	прошу́
ты	про́сишь
он	_____
мы	_____
вы	_____
они́	_____

- Ла́ура, у тебя́ есть ру́сско-испа́нский слова́рь?
  Я должна́ прочита́ть статью́ на ру́сском языке́.
- Нет, у меня́ нет. **Попроси́** у Ка́рлоса, у него́ есть.

У кого́ есть слова́рь?

У меня́		я
У Макси́**ма**		Макси́м
У Андре́**я** Петро́вич**а**		Андре́й Петро́вич
У преподава́тел**я**	**есть слова́рь.**	преподава́тель
У Лари́с**ы**		Лари́са
У Ната́ш**и**		Ната́ша
У Та́**ни**		Та́ня
У ма́тери / у до́чери		мать / дочь

| 1.1 Упражне́ние. У кого́ есть..?

а) Образец:

- У кого́ есть *маши́на*?
- *У отца́*.

отéц

сестра́

Серге́й
Никола́евич

А́нна
Петро́вна

де́душка

тётя Ве́ра

БЫЛО ИЛИ НЕ БЫЛО?

1

б) Напиши́те э́ти предложе́ния.

1. _У отца́ есть маши́на._

2. _____ .

3. _____ .

4. _____ .

5. _____ .

6. _____ .

Э́то Ивано́вы. У них есть сын. Его́ зову́т Пе́тя.
У Пе́ти есть сестра́? Нет, у него́ **нет сестры́**.
У Пе́ти есть брат? Нет, у него́ **нет бра́та**.

 1.2 Задание. а) Дава́йте поговори́м. (Pregunte a tres compañeros de clase)

Образец:

- Ма́рта, у тебя́ есть *ба́бушка*?
- Есть.
- А *сын* у тебя́ есть?
- Нет, у меня́ *нет сы́на*.

- Ма́рта, у тебя́ есть *маши́на*?
- Нет, у меня́ нет *маши́ны*.
- А *мотоци́кл* у тебя́ есть?
- Есть.

	ба́бушка	сын	дочь	**племя́нник**
Ма́рта	х	-		

	маши́на	мотоци́кл	велосипе́д
Ма́рта	-	х	

б) А теперь пишите:

Образец: *У Ма́рты есть ба́бушка,*   *У Ма́рты есть мотоцикл,*
          но нет сы́на.   *но нет маши́ны.*

1. _____   1. _____

   _____   _____

2. _____   2. _____

   _____   _____

3. _____   3. _____

   _____   _____

В на́шей дере́вне	**нет**	
	не́ было	музе́я.
	не бу́дет	

У него́ нет де́нег.

1.3 Упражнение. Что с чем?

Ра́ньше здесь не́ было

Че́рез год здесь бу́дет

по́чта.
рестора́на.
банк.
теа́тр.
библиоте́ки.
по́чты.
музе́й.
университе́та.
гости́ница.
общежи́тия.

БЫЛО ИЛИ НЕ БЫЛО?

 1.4 Задание. Слушайте и читайте.

Образец:

а) - *У Воло́ди* есть да́ча?
   - Нет, у него́ *нет да́чи.*

б) - У Воло́ди *была́* да́ча?
   - Нет, у него́ *не́ было да́чи.*

в) - У Воло́ди *бу́дет* да́ча?
   - Нет, по-мо́ему, у него́
     не бу́дет да́чи.

а) - *В э́том го́роде* есть теа́тр?
   - Нет, в э́том го́роде *нет теа́тра.*

б) - В э́том го́роде был теа́тр?
   - Нет, в э́том го́роде *не́ было теа́тра.*

в) - В э́том го́роде бу́дет теа́тр?
   - Нет, по-мо́ему, в э́том го́роде
     не бу́дет теа́тра.

 А теперь вы:

Воло́дя

э́та ма́ленькая у́лица

Ната́ша

э́тот го́род

Степа́н

Дми́трий Ива́нович

твой дом

У	э́т**ого**	молод**о́го** человека	
	мо**его́**		есть мотоци́кл.
	тво**его́**		
У	его́, её	ста́рш**его** бра́та	
	на́ш**его**		
	ва́ш**его**		
	их		

У	э́т**ой**	молод**о́й** же́нщины	
	мо**е́й**		есть маши́на.
	тво**е́й**		
У	его́, её	мла́дш**ей** сестры́	
	на́ш**ей**		
	ва́ш**ей**		
	их		

У	него́ / у неё	нет	кра́с**ного** га́лстука.
			бе́л**ой** руба́шки.
			чёрн**ого** пальто́.

1.5 Упражнение. Что с чем?

У меня́ нет	но́вый ру́сский	кни́га В. Пеле́вина.
У одно́й мое́й подру́ги есть	ста́ршего	пла́тья?
У вас есть	перево́дческого	вре́мени.
В э́том университе́те нет	ру́сско-испа́нский	бра́та.
У Рафаэ́ля нет	свобо́дного	факульте́та.
У Мари́ны Серге́евны есть	мла́дшей	слова́рь?
У него́ нет	си́ний	сестры́.
Почему́ в шкафу́ нет	после́дняя	фильм.
У одного́ моего́ това́рища есть	моего́ зелёного	костю́м.

1.6 Упражнение.

Образец: *- У кого́ есть ру́сско-испа́нский слова́рь?*
             - У э́той но́вой студе́нтки.

э́та но́вая студе́нтка   э́тот молодо́й челове́к   моя́ ста́ршая сестра́

моя́ знако́мая   ваш преподава́тель

 1.7 Задание. Слушайте и читайте.

Ра́ньше на́ша семья́ жила́ в ма́ленькой дере́вне, а сейча́с мы живём в большо́м го́роде. Я не зна́ю, где лу́чше жить: в дере́вне или́ в го́роде.

В дере́вне у нас был дом и большо́й сад. У́тром, когда́ мы встава́ли, мы **слы́шали**, как пою́т **пти́цы**. Недалеко́ бы́ло о́зеро, где мы купа́лись ле́том. Но в дере́вне не́ было ни кинотеа́тра, ни музе́я, ни библиоте́ки, **да́же** не́ было шко́лы, поэ́тому мы с сестро́й учи́лись в друго́й дере́вне и **е́здили** туда́ на авто́бусе.

Сейча́с мы живём в большо́м до́ме, в кварти́ре, поэ́тому у нас уже́ нет са́да, и мы не слы́шим **пе́ние** птиц. Мы слы́шим то́лько **шум** у́лицы, на кото́рой мы живём. Пра́вда, в го́роде мы хо́дим в кино́, на конце́рты, в теа́тры, в музе́и...

А вы как ду́маете, где **лу́чше** жить?

е́здить куда́?

я	е́зжу
ты	е́здишь
он	е́здит
мы	е́здим
вы	е́здите
они́	е́здят

| 1.8   Упражнение. **Слу́шать** йли **слы́шать**, **ви́деть** йли **смотре́ть**

1. Моему́ де́душке 91 год, он пло́хо _____ и _____ .

2. Мои́ друзья́ отдыха́ли в Ме́ксике. Они́ сде́лали мно́го фотогра́фий,
   и мы весь ве́чер _____ их.

**слы́шать / услы́шать
кого́? что?**

я   слы́шу
ты   слы́шишь
он   слы́шит
мы   слы́шим
вы   слы́шите
они́ слы́шат

3. - Ты уже́ _____ на́шего
   но́вого преподава́теля?

4. - Твои́ роди́тели лю́бят _____
   фи́льмы по телеви́зору?

5. - Что ты бу́дешь де́лать ве́чером?
   - Бу́ду _____ му́зыку.
   Я купи́л но́вый диск гру́ппы «Санта́на».

6. - Ка́тя, телефо́н!.. Ты что не
   _____ ?

7. - Ты _____ но́вость?
   У Зи́ны но́вый муж.

8. - Говори́те! Мы вас _____ .

| 1.9   Задание. Слушайте. Ответьте на вопросы. (Conteste a las preguntas)

1. Э́то но́мер телефо́на му́жчины йли же́нщины? _____
   _____

2. № телефо́на _____
   _____

3. Как зову́т э́того челове́ка? _____
   _____

4. Как фами́лия э́того челове́ка? _____
   _____

2 | Чьи э́то ве́щи?

2.1 Задание. Слушайте и читайте.

Э́то наш кабине́т. **О́коло** окна́ стои́т большо́й пи́сьменный стол, в кни́жном шкафу́ стоя́т кни́ги, на стене́ вися́т фотогра́фии, а в **углу́** стои́т ста́рое кре́сло на́шей ба́бушки, в кото́ром она́ люби́ла сиде́ть. Здесь занима́юсь **не то́лько** я, **но и** мои́ бра́тья.

У меня́ два бра́та: ста́ршего зову́т Дани́ла, а мла́дшего Ива́н. Ста́рший брат уже́ ко́нчил университе́т, но иногда́ он здесь рабо́тает на компью́тере. Мла́дший же брат ещё у́чится в шко́ле, а я учу́сь на истори́ческом факульте́те.

Сейча́с на столе́ лежа́т уче́бники моего́ мла́дшего бра́та, потому́ что он сего́дня здесь занима́лся, о́коло компью́тера лежа́т фотогра́фии.

Интере́сно, чьи э́то фотогра́фии?

кре́сло

сиде́ть	где?
я	сижу́
ты	сиди́шь
он	сиди́т
мы	сиди́м
вы	сиди́те
они́	сидя́т

— **Чей** э́то уче́бник?
— Э́то уче́бник
  моего́ мла́дшего бра́та.

— **Чья** э́то кни́га?
— Э́то кни́га
  моего́ ста́ршего бра́та.

— **Чьё** э́то ста́рое кре́сло?
— Э́то кре́сло
  на́шей ба́бушки.

— **Чьи** э́то фотогра́фии?
— Э́то фотогра́фии
  на́шей ма́тери.

2.2 Упражнение.

Образец:

- *Чей это кошелёк? Твой?*
- *Нет, это кошелёк моей знакомой.*

кошелёк
моя знакомая

наша бабушка

ботинки
мой младший брат

Максим
Константинович

наша соседка

наш дедушка

моя старшая сестра

 2.3 Кроссворд . Чего нет у Кати?

1. pantalones
2. zapatos
3. impermeable
4. camisa
5. corbata
6. vestido
7. tejanos
8. botas
9. camiseta

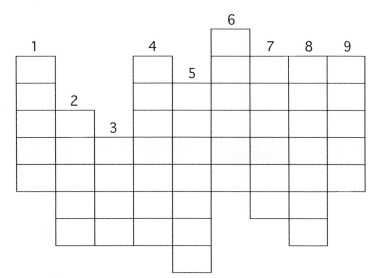

31

СКО́ЛЬКО?

оди́н	костю́м	два, три, четы́ре	костю́м**а**
одно́	пла́тье		пла́ть**я**
одна́	ма́йка	две, три, четы́ре	ма́йк**и**

2.4   Упражнение. Ско́лько?

1. У меня́ **то́лько** _____ _____ .   (1, сестра́)

2. На столе́ лежа́т _____ _____ .   (3, кни́га)

3. В э́том го́роде _____ _____ .   (1, вокза́л)

4. В э́той ко́мнате _____ _____ .   (2, окно́)

5. Ви́ктор купи́л _____ _____ в теа́тр.   (4, биле́т)

6. Та́ня взяла́ в библиоте́ке _____ _____ .   (2, слова́рь)

7. В э́том но́мере _____ _____ .   (2, крова́ть)

8. Роди́тели купи́ли свое́й до́чери _____ _____ .   (2, пла́тье)

9. В э́том те́ксте я не поняла́ то́лько _____ _____ .   (1, **фра́за**)

2.5   Задание. Слушайте. Ответьте на вопросы. (Conteste a las preguntas)

1. Како́е сейча́с вре́мя го́да? _____
_____ .

2. Чей э́то плащ? _____ .

3. Почему́ Ле́на хо́чет взять плащ? _____
_____ .

4. Ната́ша положи́ла в чемода́н ма́йки Ле́ны. Ско́лько их? _____ .

дива́н

5. Где лежа́т ве́щи Серге́я? _____ .

6. Куда́ Серге́й поло́жит свои́ ве́щи? _____ .

КОТО́РЫЙ   КОТО́РАЯ   КОТО́РОЕ

Мы ча́сто е́здим в дере́вню.   В э́той дере́вне живёт на́ша ба́бушка.

Мы ча́сто е́здим в дере́вню, **в кото́рой** живёт на́ша ба́бушка.

Вот молодо́й челове́к,

кото́рый неда́вно рабо́тает в на́шей фи́рме.
у кото́рого ещё нет свое́й маши́ны.
кото́рому я подари́ла кни́гу.
кото́рого зову́т Никола́й.
с кото́рым я хожу́ в похо́ды.
о кото́ром я тебе́ ча́сто расска́зываю.

Вот де́вушка,

кото́рая неда́вно рабо́тает в на́шей фи́рме.
у кото́рой ещё нет свое́й маши́ны.
кото́рой я подари́ла кни́гу.
кото́рую зову́т Йра.
с кото́рой я хожу́ в похо́ды.
о кото́рой я тебе́ ча́сто расска́зываю.

2.6 Упражнение. Что с чем?

1. Вчера́ я **получи́л** письмо́,

2. Поли́на рабо́тает в но́вой больни́це,

3. Ка́ждое ле́то я е́зжу на юг в ма́ленькую дере́вню,

4. Мой друг,

5. Студе́нтка,

6. Я попроси́ла у Ли́зы кни́гу,

7. У моего́ бра́та есть сын,

8. Вы ви́дели но́вый фильм,

с кото́рым я учу́сь в одно́й гру́ппе, пое́хал в Но́вгород.

в кото́рой живу́т то́лько рыбаки́.

кото́рый идёт в кинотеа́тре «Ве́рди»?

кото́рому ско́ро бу́дет 15 лет.

кото́рую она́ неда́вно купи́ла.

в кото́ром брат пи́шет о свое́й семье́.

кото́рой не́ было вчера́ на уро́ке, не зна́ет, что сего́дня у нас контро́льная рабо́та.

кото́рую постро́или год наза́д.

2.7   Задание. а) Прочитáйте, что Кáтя написáла в своём дневникé.

решáть - решúть   **дневнúк**

Суббота, 25-ое ноября

Вчера была на вечере. Познакомилась с братом моей подруги, которого зовут Илья. А он ничего! Понравился. Ему 23 года, уже кончает университет. Пригласил меня на концерт, но у меня нет свободного времени. Надо заниматься. В этом году кончаю школу. Скоро экзамены. Что же делать? Я очень хочу пойти.

Я думаю только о нём: никого не вижу и не слышу. А может быть, всё-таки пойти? Всё равно не могу заниматься. Может быть, позвонить ему и сказать, что пойду с ним на концерт? А как же экзамены? Что же делать?

Ладно, завтра решу. Утро вечера мудренее.

б) Что с чем?

Ýтро вéчера мудренéе.

Нáдо занимáться.

А он ничегó!

Всё равнó не могý занимáться.

В э́том годý кончáю шкóлу.

Ничегó не могý дéлать.

Послéдний год учýсь в шкóле.

Лýчше решý зáвтра.

Я должнá занимáться.

Симпатú́чный молодóй человéк!

Новые слова:

бана́н	plátano
боти́нки *мн.ч.* (боти́нок)	botas de montaña
вор	ladrón
гру́ша	pera
да́же	incluso
двою́родный (-ая) брат (сестра́)	primo, prima
дива́н	diván, sofá
дневни́к	diario
дя́дя	tío
е́здить (е́зжу, е́здишь,... е́здят) *нсв*	ir (en un vehículo)
за грани́цу	al extranjero (ir)
календа́рь *м.р.*	calendario
кошелёк	monedero
кре́сло	sillón
лу́чше	mejor
о́коло	cerca de, al lado de
пе́ние	canto
племя́нник, племя́нница	sobrino, sobrina
поку́пка	compra
получа́ть *нсв*	recibir
получи́ть *св*	recibir (algo)
попроси́ть (попрошу́, попро́сишь,... попро́сят) *св*	pedir
проси́ть (прошу́, про́сишь,... про́сят) *нсв*	pedir
пти́ца	pájaro
реша́ть *нсв*	decidir
реши́ть *св*	decidir
рома́н	novela
рыба́к	pescador
сиде́ть (сижу́, сиди́шь,... сидя́т) *нсв*	estar sentado
ско́лько	cuánto
слы́шать (слы́шишь, слы́шит,... слы́шат) *нсв*	oír
тётя	tía
то́лько	solamente, sólo
у́гол	rincón
улыбну́ться (улыбну́сь, улыбнёшься ...) *св*	sonreír
услы́шать *св*	oír
фра́за	frase
шум	ruido

БЫЛО ИЛИ НЕ БЫЛО?

Вы уже знаете, как...

...negar la posesión o confirmar la ausencia de algo en pasado y futuro:

У моего отца **не было** дачи.   Здесь **не было** остановки автобуса.

У моего отца **не будет** дачи.   Здесь **не будет** остановки автобуса.

...identificar a quién pertenece el objeto:

     - Чей это учебник?

     - Это учебник **моего брата.**

...describir a una persona o un objeto con ayuda de frases subordinadas
  con la palabra «который»:

     Вот молодой человек, **о котором** я тебе рассказывала.

...nombrar los objetos o las personas después de los numerales 2, 3 y 4:

     2, 3, 4   студент**а**,   билет**а**

                         окн**а**

             студент**ки**,   майк**и**

Грамматика.

- Родительный падеж личных местоимений, прилагательных, притяжательных и
  указательных местоимений в единственном числе.
  (Caso genitivo de los pronombres personales, adjetivos, adjetivos posesivos y
  demostrativos en singular)

Родительный падеж
(у) кого? (у) чего?

(у) меня, тебя, (н)его, (н)её, нас, вас, (н)их

м.р.	ж.р.	ср.р.
(У) э́т**ого** молод**о́го** челове́ка	(У) э́т**ой** молод**о́й** же́нщины	
мо**его́** ста́рш**его**	мо**е́й** мла́дш**ей**	
тво**его́**	тво**е́й**	ста́р**ого**
его́, её бра́та	его́, её сестры́	кре́сла
на́ш**его**	на́ш**ей**	хоро́ш**его**
ва́ш**его**	ва́ш**ей**	
их	их	
кра́с**ного** га́лстука	бе́л**ой** руба́шки	

- Относи́тельное местоиме́ние **кото́рый**, **-ая**, **-ое** в еди́нственном числе́.
  (Pronombre relativo *кото́рый, -ая, -ое* en singular)

Паде́ж	м.р.	ж.р.	ср.р.
Им.п.	кото́рый	кото́рая	кото́рое
Род.п.	(у) кото́рого	(у) кото́рой	кото́рого
Дат.п.	кото́рому	кото́рой	кото́рому
Вин.п.	кото́рого / кото́рый	кото́рую	кото́рое
Тв.п.	с кото́рым	с кото́рой	с кото́рым
Пр.п.	о / на (в) кото́ром	о / на (в) кото́рой	о / на (в) кото́ром

- Сою́з **не то́лько... , но и...**
(Conjunción para unir elementos análogos de la oración)

Здесь занима́юсь **не то́лько** я, **но и** мои́ бра́тья.

КОГДА ВЫ РОДИЛИСЬ?

1 | **Когда́ у вас день рожде́ния?**

янва́рь
февра́ль
март
апре́ль
май
ию́нь
ию́ль
а́вгуст
сентя́брь
октя́брь
ноя́брь
дека́брь

Како́е сего́дня число́?
Сего́дня **седьмо́е ноября́**.

Како́е число́ бы́ло вчера́?
Вчера́ бы́ло шесто́е ноября́.

Како́е число́ бу́дет за́втра?
За́втра бу́дет восьмо́е ноября́.

1.1   Упражнение.

Образец:

- Как называ́ется по-ру́сски второ́й ме́сяц го́да?
- Февра́ль.

<u>А теперь вы.</u>

1.2   Упражнение.

а) 1/V

Образец:
- Ты не зна́ешь, како́е сего́дня число́?
- Сего́дня *пе́рвое ма́я*.

<u>А теперь вы:</u> 12/VI, 29/VIII, 3/I

б) 30/IV

Образец:
- Како́е число́ бы́ло вчера́?
- Вчера́ бы́ло *тридца́тое апре́ля*.

<u>А теперь вы:</u> 13/III, 19/II, 25/X

в) 24/II

Образец:
- Како́е число́ бу́дет за́втра?
- За́втра бу́дет *два́дцать четвёртое февраля́*.

<u>А теперь вы:</u> 8/III, 20/VII, 18/IX

1.3　Задание. Слушайте и читайте.

2004

	ЯНВАРЬ	ФЕВРАЛЬ	МАРТ	АПРЕЛЬ	МАЙ	ИЮНЬ	
ПН	5 12 19 26	2 9 16 23	1 8 15 22 29	5 12 19 26	3 10 17 24 31	7 14 21 28	ПН
ВТ	6 13 20 27	3 10 17 24	2 9 16 23 30	6 13 20 27	4 11 18 25	1 8 15 22 29	ВТ
СР	7 14 21 28	4 11 18 25	3 10 17 24 31	7 14 21 28	5 12 19 26	2 9 16 23 30	СР
ЧТ	1 8 15 22 29	5 12 19 26	4 11 18 25	1 8 15 22 29	6 13 20 27	3 10 17 24	ЧТ
ПТ	2 9 16 23 30	6 13 20 27	5 12 19 26	2 9 16 23 30	7 14 21 28	4 11 18 25	ПТ
СБ	3 10 17 24 31	7 14 21 28	6 13 20 27	3 10 17 24	1 8 15 22 29	5 12 19 26	СБ
ВС	4 11 18 25	1 8 15 22 29	7 14 21 28	4 11 18 25	2 9 16 23 30	6 13 20 27	ВС

	ИЮЛЬ	АВГУСТ	СЕНТЯБРЬ	ОКТЯБРЬ	НОЯБРЬ	ДЕКАБРЬ	
ПН	5 12 19 26	2 9 16 23 30	6 13 20 27	4 11 18 25	1 8 15 22 29	6 13 20 27	ПН
ВТ	6 13 20 27	3 10 17 24 31	7 14 21 28	5 12 19 26	2 9 16 23 30	7 14 21 28	ВТ
СР	7 14 21 28	4 11 18 25	1 8 15 22 29	6 13 20 27	3 10 17 24	1 8 15 22 29	СР
ЧТ	1 8 15 22 29	5 12 19 26	2 9 16 23 30	7 14 21 28	4 11 18 25	2 9 16 23 30	ЧТ
ПТ	2 9 16 23 30	6 13 20 27	3 10 17 24	1 8 15 22 29	5 12 19 26	3 10 17 24 31	ПТ
СБ	3 10 17 24 31	7 14 21 28	4 11 18 25	2 9 16 23 30	6 13 20 27	4 11 18 25	СБ
ВС	4 11 18 25	1 8 15 22 29	5 12 19 26	3 10 17 24 31	7 14 21 28	5 12 19 26	ВС

- В суббо́ту у меня́ был **день рожде́ния**. А у тебя́ когда́ день рожде́ния?
- У меня́ бу́дет то́лько че́рез ме́сяц, восьмо́го ма́рта.

Когда́ у тебя́ (у вас) день рожде́ния?

Два́дцать тре́тьего октября́.

Како́го числа́ твой (ваш) день рожде́ния?

1.4　Задание. Давайте поговорим.

Како́го числа́ у тебя́ (у вас) день рожде́ния?
Когда́ день рожде́ния у твоего́ (у ва́шего) отца́, у твое́й (у ва́шей) ма́тери..?
Когда́ у тебя́ (у вас) **имени́ны**?
Како́го числа́ имени́ны у твоего́ (у ва́шего) дру́га, у твое́й (у ва́шей) подру́ги?

Пра́здники в Росси́и

1-ое января́ - Но́вый год	1-ое ма́я - День труда́
7-ое января́ - **Рождество́**	8-ое ма́рта - Же́нский день

Когда́ бу́дет Рождество́ в ва́шей стране́? А в Росси́и? А Но́вый год?
Како́го числа́ бу́дет День труда́? А Же́нский день?

2 | Что подари́ть?

2.1 Задание. а) Слушайте.

100	**сто**
200	**две́сти**
300	**три́ста**
400	**четы́реста**
500	**пятьсо́т**
600	**шестьсо́т**
700	**семьсо́т**
800	**восемьсо́т**
900	**девятьсо́т**
1 000	**ты́сяча**
2 000	**две**
3 000	**три** **ты́сячи**
4 000	**четы́ре**
5 000	**пять ты́сяч**
1 000 000	**миллио́н**

б) Слушайте и читайте.

450 – 200 = 250   980 + 120 = 1 100
3 800 + 1 300 = 5 100   4 100 – 600 = 3 500

2.2 Задание. Слушайте и пишите.

 Спра́вочная слу́жба _____

 Белору́сский вокза́л _____

 Речно́й вокза́л _____

 Такси́ _____

 Ско́рая медици́нская по́мощь _____

 Аэропо́рт Шереме́тьево-2 _____

2.3 Задание. Слушайте и читайте.

- Интере́сно, **ско́лько сто́ит** э́тот **шарф**?
  У меня́ то́лько 500 рубле́й.
- Дава́й спро́сим.
- Скажи́те, ско́лько сто́ит жёлтый шарф?
- Како́й?
- Вон тот, в **витри́не**.
- 2 000 рубле́й.

сто́ить *НСВ*

шарф	сто́ит
очки	сто́ят

---

1 (оди́н), 21,...	рубль
2 (два), 3, 4,... 22	рубля́
5, 6,... (11,...19, 20, 25)	рубле́й
1 000 (ты́сяча)	рубле́й
1 (одна́)	копе́йка
2 (две), 3, 4	копе́йки
5, 6,... (11,...19, 20, 25)	копе́ек

1 рубль = 100 копе́ек

2.4   Упражнение.

Образец: Ра́ньше *боти́нки* сто́или *2600 рубле́й*, а тепе́рь сто́ят *1520 рубле́й*.

А теперь вы:

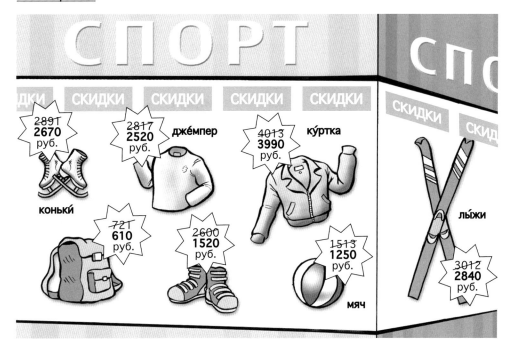

  2.5   Задание. Слушайте и читайте.

В магази́не "Садко́"

- Ско́лько сто́ит э́тот *плащ*?
- *6861 рубль*.
- Э́то о́чень **до́рого**.
- Возьми́те вот э́тот. Он **дешёвый**, сто́ит *4423 рубля́*.
- Ну что ж, и **цвет** неплохо́й, *си́ний*. Хорошо́, я беру́ *его́*.
- Тогда́ **плати́те** в ка́ссу.

брать - взять	
я	беру́
ты	бер ___
он	бер ___
мы	берём
вы	бер ___
они́	бер ___

дорого́й – до́рого ⟵⟶ дешёвый - дёшево

А теперь вы:

ку́ртка / **се́рый** / 5513 руб. / 4300 руб.
дже́мпер / кра́сный / 3214 руб. / 2017 руб.
брю́ки / бе́лый / 4167 руб. / 2982 руб.

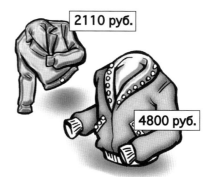

Э́тот	тот
Э́та	та
Э́то	то
Э́ти	те

2110 руб.
4800 руб.

Э́та ку́ртка дорога́я, **а та** дешёвая.

2.6 Упражнение. Этот или тот?

ку́кла

2.7 Упражнение. Что с чем?

Э́та ко́мната моя́, — а те вися́т на стене́.
Э́тот студе́нт у́чится на второ́м ку́рсе, — а то ма́ленькое.
Тот ди́ктор выступа́л вчера́, — а тот дешёвый.
Э́та переда́ча была́ интере́сная, — а э́тот сего́дня.
Те де́вушки рабо́тают в рестора́не, — а тот на четвёртом.
Э́то о́зеро большо́е, — а та твоя́.
Э́тот магази́н дорого́й, — а та неинтере́сная.
Э́ти часы́ стоя́т на по́лке, — а э́ти на фа́брике.

2.8 Задание. а) Слушайте и читайте.

Современный дедушка.

Сегодня девятое декабря, день рождения моего дедушки. Ему будет 75 лет. Мы договорились, что каждый купит ему подарок.

Начинают приходить гости. Когда приходит папа, он говорит дедушке: «**Поздравляю** тебя с днём рождения!» и дарит ему мобильный телефон. Дедушка рад этому подарку, потому что он очень любит говорить по телефону.

Мама дарит ему красивый плащ. Дедушке он очень нравится. Он давно хотел такой плащ!

Бабушка приготовила его любимый торт «Наполеон». Она знает, что он очень любит **сладкое**. К сожалению, теперь дедушка не может есть много сладкого.

Соседи дарят ему **удочку**, потому что он любит **ловить рыбу** и часто ходит на **рыбалку** со своим соседом.

А мы, его внуки, дарим ему фотоаппарат. Вы думаете, что у него нет фотоаппарата? Ну что вы! Конечно, есть! Но такой старый! А мы купили ему современный, **цифровой**. Он очень рад подарку и **благодарит** нас.

Обед уже готов, и нас зовут в столовую. Мы обедаем, потом мой брат играет на гитаре, а мы поём наши любимые песни. Так мы каждый год **празднуем** день рождения нашего дедушки.

б) Ответьте на вопросы.

играть *на чём?*

на саксофоне
на гитаре
на пианино

1. Какого числа день рождения у дедушки?
2. Что говорит папа, когда даёт подарок дедушке?
3. Почему он рад мобильному телефону?
4. Что подарила дедушке мама?
5. Какой торт приготовила бабушка?
6. Куда часто ходит дедушка?
7. Кто дарит дедушке новый фотоаппарат?
8. На каком инструменте умеет играть брат?

Вы часто дарите подарки? Кому?
Когда будет день рождения у вашего друга (подруги)?
Что вы ему (ей) подарите? Почему?
Вы умеете играть на каком-нибудь инструменте?

2.9 Задание. Давайте поговорим. (Pregunte a tres compañeros)

Образец:

- Даниэль, дай мне твой но́мер телефо́на.
- Пожа́луйста: 607 239 148

и́мя	моби́льный телефо́н	дома́шний телефо́н
Даниэ́ль	607 239 148	

3 | **Когда́ у вас о́тпуск?**

Когда́? В како́м ме́сяце?

В ма́рте
В ма́е
В сентябре́

Открыва́ем календа́рь,
Начина́ется янва́рь.
В январе́, в январе́
Мно́го сне́гу на дворе́.

(С. Марша́к)

 3.1 Зада́ние. а) Слу́шайте и чита́йте.

Григо́рий Фёдорович, мой дя́дя, рабо́тает на по́чте. О́тпуск у него́ обы́чно **быва́ет** в ию́не. Они́ с жено́й ка́ждый год е́здят в дере́вню. По утра́м он лю́бит ходи́ть со свои́м бра́том на рыба́лку. Как хорошо́ ра́но у́тром на о́зере! **Тишина́**, пти́цы ещё не пою́т.

Но иногда́ Григо́рий Фёдорович берёт о́тпуск в январе́, потому́ что, как и мно́гие ру́сские, он хорошо́ ката́ется на лы́жах и на конька́х. Мой дя́дя и его́ жена́ Ни́на ката́ются на лы́жах **за го́родом**, а на конька́х - на большо́м олимпи́йском **катке́**, где они́ и познако́мились!

Сын моего́ дя́ди То́ля у́чится на фи́зико-математи́ческом факульте́те. В **нача́ле** января́ и в ию́не у него́ экза́мены в университе́те, поэ́тому он не е́здит с отцо́м ни на като́к, ни в дере́вню, а то́лько занима́ется.

Зи́мние кани́кулы в университе́те начина́ются **в середи́не** января́, а **ле́тние** в ию́ле. Ле́тние кани́кулы То́ля прово́дит в гора́х со свои́м дру́гом, потому́ что им нра́вится ходи́ть в похо́ды. Как бы́стро прохо́дит ле́то! Ведь 1-го сентября́ опя́ть начина́ются **заня́тия** в университе́те.

 б) Напиши́те 7 вопро́сов к те́ксту.

Образе́ц: *Когда́ у Григо́рия Фёдоровича быва́ет о́тпуск?*

1) _____

2) _____

3) _____

4) _____

5) _____

6) _____

в) Перескажи́те текст. (Explique el texto en 1ª persona)

Григо́рий Фёдорович расска́зывает:

Я рабо́таю …

3.2 Упражне́ние. Что с чем?

Шесто́й ме́сяц го́да   3-го января́
Заня́тия в шко́ле конча́ются   13-ое ма́я
Мой день рожде́ния бу́дет   ию́нь
Вчера́ бы́ло   в середи́не ию́ня
Ве́чер в университе́те был   в про́шлом году́
Мы ката́емся на лы́жах   в суббо́ту
Мои́ ру́сские друзья́ бы́ли в Барсело́не зимо́й

3.3 Зада́ние. Слу́шайте и пиши́те.

1. Де́вушки сейча́с до́ма.   в / н
2. То́ня ку́пит костю́м.   в / н
3. Цвет костю́ма -   _____
4. Ско́лько сто́ит костю́м?   _____
5. Когда́ де́вушки пое́дут в Испа́нию? _____

КОГДА ВЫ РОДИЛИСЬ?

4 | **В како́м году́ вы роди́лись?**

Пе́рвый ру́сский космона́вт Ю́рий Гага́рин
роди́лся в 1934 году́.

Когда́? В како́м году́?

(1934) **В** ты́сяча девятьсо́т три́дцать четвёрт**ом**
(2002) **В** две ты́сячи втор**о́м**   году́
(2000) **В** двухты́сячн**ом**

В како́м ве́ке?

В трина́дцатом
В два́дцать пе́рвом   ве́ке

 4.1 Задание. Давайте поговорим.

В како́м году́ ты роди́лся (родила́сь)?
Когда́ роди́лись твой брат, сестра́, друг или подру́га?
В како́м году́ ты на́чал(а́) учи́ть ру́сский язы́к?

роди́ться *св*		**умере́ть** *св*
он роди́лся		он у́мер
она́ родила́сь		она́ умерла́
они́ роди́лись		они́ у́мерли

4.2 Задание. Слушайте. Заполните таблицу.

Славные имена России

	Кто они?	роди́лся (ла́сь)	у́мер/ла́
Лев Толсто́й	*писа́тель*	*1828*	*1910*
Михаи́л Ломоно́сов	**учёный**		1765
Андре́й Рублёв	иконопи́сец	1360	
Пётр Чайко́вский			1893
А́нна Ахма́това		1889	
Дми́трий Шостако́вич		1906	
Андре́й Са́харов			1989

4.3 Упражнение.

Образец: - В како́м ве́ке *была́ Францу́зская револю́ция?*
             - В *восемна́дцатом.*

Францу́зская револю́ция   */ 18 век*
война́ с Наполео́ном   / 19 век
жил Серва́нтес   / 16 век
откры́ли Аме́рику   / 15 век
жил Пётр Пе́рвый   / 18 век

КОГДА ВЫ РОДИЛИСЬ?

Когда́ была́ Олимпиа́да в Барсело́не?
В ию́ле ты́сяча девятьсо́т девяно́сто **второ́го го́да.** (июль,1992)

Когда́ роди́лся ваш оте́ц?
Девя́того ию́ля ты́сяча девятьсо́т два́дцать **тре́тьего го́да.**

(9, июль,1923)

4.4   Задание. (Pregunte a tres compañeros)

а) Образец:

- Когда́ ты роди́лся, Ферна́ндо?
- Я роди́лся второ́го ма́я ты́сяча девятьсо́т во́семьдесят шесто́го го́да.

И́мя	Когда́?
Ферна́ндо	*2 ма́я 1986 го́да*

б) Скажи́те, когда́ роди́лись ва́ши това́рищи.

4.5   Задание. Слушайте. Что с чем?

Сего́дня

Моя́ ба́бушка родила́сь
У мое́й сестры́ бу́дет о́тпуск
Н.В. Го́голь у́мер
П.И. Чайко́вский жил
Всеми́рная вы́ставка в Лиссабо́не была́

в апре́ле
в а́вгусте 1998-го го́да
в 19-ом ве́ке
14-го ию́ня 1908-го го́да
в 1852-о́м году́
6-о́е ма́я

4.6   Задание. Давайте повторим. Найдите 17 слов.

и	м	е	н	и	н	ы	д	з	г	щ	ы
э	м	а	й	х	ч	б	о	и	о	ъ	а
р	т	у	с	н	г	е	л	ю	д	к	я
о	ы	х	ц	д	ь	в	л	ф	ш	о	е
д	с	к	ф	е	в	р	а	л	ь	п	ё
и	я	л	о	н	п	о	р	у	в	е	к
т	ч	р	в	ь	и	ю	л	ь	ж	й	б
ь	а	п	р	е	л	ь	ы	щ	ч	к	ъ
с	п	о	у	м	е	р	е	т	ь	а	с
я	ф	у	б	п	о	д	а	р	о	к	ц
ч	и	с	л	о	ц	у	щ	д	в	о	л
а	е	ж	ь	х	з	а	в	г	у	с	т

 4.7   Задание. Читаем газету. Кто, что и когда? (стр. 52)

Студе́нт А

Образец:
А - Когда́ бу́дет премье́ра фи́льма "Эви́та"?
Б - 9-го ма́рта.

1. Когда́ откры́лся пе́рвый Всеми́рный фестива́ль циркового́ иску́сства?
   _____

2. Когда́ встреча́ются Пу́тин и Берлуско́ни?
   _____

3. Когда́ у́мер Исаа́к Ильи́ч Левита́н?

   _____

4. Когда́ бу́дут пока́зывать фильм Альмодо́вара?
   _____

5. Когда́ роди́лся Левита́н?

   _____

Студе́нт Б

Образец:
Б - Когда́ у́мер Франси́ско Го́йя?
А - 16-го апре́ля 1828-го го́да

1. Когда́ роди́лся Франси́ско Го́йя?
   _____

2. Когда́ Правосла́вная Це́рковь пра́зднует свой день рожде́ния?
   _____

3. Когда́ впервы́е россия́не услы́шали джаз?
   _____

4. Когда́ бу́дет вое́нный пара́д?
   _____

5. Когда́ пока́жут францу́зский фильм "Во́семь же́нщин"?
   _____

Образец А):

ПРИГЛАШАЕТ КИНОЦЕНТР
• **9 марта** в Киноцентре на Красной Пресне – премьера американского фильма «Эвита» режиссера Алана Паркера. В главной роли – Мадонна.

Образец Б):

КОГДА-ТО В ЭТОТ ДЕНЬ

В 1746 году родился великий испанский художник, живописец **Франсиско Гойя** (умер 16 апреля 1828 года).

В 1996 году в Москве открылся первый Всемирный фестиваль циркового искусства под эгидой ЮНЕСКО.

КТО, ЧТО И КОГДА?

В 1860 году родился русский живописец-пейзажист **Исаак Ильич Левитан** (умер 4 августа 1900 года).

9 мая, 10.00 — военный парад (Красная площадь). Дополнительная информация по тел.: 290-75-46, 290-77-63.

3 февраля. Путин и Берлускони встречаются в неформальной обстановке

В 1906 году в петербургском Таврическом дворце открылась 1-я Государственная Дума, в которую было избрано 524 депутата —

23 ИЮНЯ Православная Церковь празднует свой день рождения. Это один из самых главных христианских праздников - День Святой Троицы, или Пятидесятница.

Считается, что впервые россияне услышали джаз 1 октября 1922 года. Эпохальный концерт начался в час дня в Москве, в помещении нынешнего ГИТИСа (РАТИ). А через 80 лет московский джазмен Алексей Баташев решил отметить юбилей – с астрономической и исторической точностью.

Программа «АиФория» на XXIV ММКФ

 ПОГОВОРИ С НЕЙ!
реж. Педро Альмодовар, Испания, 2002

22 ИЮНЯ
открытие
21⁰⁰
по приглашениям

ВОСЕМЬ ЖЕНЩИН
реж. Франсуа Озон, Франция, 2002
Приз «За актёрский ансамбль». Берлинале-2002

 23 ИЮНЯ
16⁰⁰
21⁰⁰

4.8 Задание. а) Слушайте песню.

В день рожде́ния
В. Харито́нов

Не могу́ я тебе́ в день рожде́ния
Дороги́е пода́рки _____ ,
Но зато́ в э́ти но́чи весе́нние
Я _____ о любви́ говори́ть.

Я могу́ в ожида́нье свида́ния
До зари́ простоя́ть под окно́м
И в часы́ предрассве́тные, ра́нние
Ка́ждый раз возвраща́ться пешко́м.

Я пока́ что живу́ в общежи́тии,
Увлека́юсь свое́ю мечто́й,
Никако́го не сде́лал откры́тия,
Но оно́, несомне́нно за мно́й.

Ты не ду́май, что я невнима́тельный,
Что цветы́ не броса́ю к нога́м...
Я тебе́ в э́тот день замеча́тельный
Своё ве́рное се́рдце отда́м!

б) Найди́те анто́нимы:

Дешёвые (пода́рки) -
(Но́чи) осе́нние -
Плохо́й (день) -

Новые слова:

а́вгуст	agosto
апре́ль *м.р.*	abril
благодари́ть *нсв*	agradecer, dar las gracias
брать (беру́, берёшь,... беру́т) *нсв*	tomar, coger, llevar consigo
быва́ть *нсв*	soler (tener)
век	siglo
витри́на	escaparate
война́	guerra
восемьсо́т	ochocientos
в середи́не	a mediados de
дека́брь *м.р.*	diciembre
девятьсо́т	novecientos
день рожде́ния	cumpleaños
две́сти	doscientos
дешёвый	barato
дёшево	barato (adv.)
дорого́й (-а́я, -о́е, -и́е)	caro
до́рого	caro (adv.)
джéмпер	jersey
заня́тия (*мн.ч.*)	horas de clase
за́ городом	fuera de la ciudad (estar)
зи́мний (-яя, -ее, -ие)	de invierno
ию́нь *м.р.*	junio
ию́ль *м.р.*	julio
имени́ны *мн.ч.*	día onomástico, día del santo
като́к	pista de patinaje
коньки́ *мн.ч.*	patines
копе́йка	kópek
ку́кла	muñeca
ку́ртка	cazadora
ле́тний (-яя, -ее, -ие)	de verano
лови́ть (ловлю́, ло́вишь...) *нсв* (ры́бу)	pescar
лы́жи *мн.ч.*	esquís
май	mayo
март	marzo
миллио́н	millón
мяч	pelota

нача́ло	comienzo, principio
ноя́брь *м.р.*	noviembre
октя́брь *м.р.*	octubre
откры́ть (откро́ю, -ешь,... -ют) *св*	descubrir, abrir, inaugurar
о́тпуск	vacaciones (de trabajadores)
плати́ть (плачу́, пла́тишь,... -ят) *нсв*	pagar
поздравля́ть *нсв*	felicitar
пра́здник	fiesta
пра́здновать (пра́здную, -ешь,... -ют) *нсв*	celebrar
пятьсо́т	quinientos
Рождество́	Navidad
роди́ться *св*	nacer
рубль *м.р.*	rublo
рыба́лка	pesca
семьсо́т	setecientos
сентя́брь *м.р.*	septiembre
се́рый	gris
ски́дки *м.ч.*	rebajas
сла́дкий (-ая, -ое, -ие)	dulce (adj.)
сто́ить *нсв*	costar, valer
тишина́	silencio
тот (та, то, те)	aquel (aquella, aquello, aquellos)
три́ста	trescientos
ты́сяча	mil
у́дочка	caña de pescar
умере́ть (умру́, умрёшь,... -у́т) *св*	morir
учёный (-ые)	científico (sust.)
февра́ль *м.р.*	febrero
цифрово́й	digital
цвет	color
четы́реста	cuatrocientos
число́	fecha
шарф	bufanda
шестьсо́т	seiscientos
янва́рь *м.р.*	enero

КОГДА ВЫ РОДИЛИСЬ?

Вы уже знаете, как...

...preguntar por la fecha y contestar:

- Како́е сего́дня число́?
- Сего́дня седьмо́е ноября́.

...preguntar por la fecha de un acontecimiento y contestar:

- Како́го числа́ ваш день рожде́ния?
- Два́дцать тре́тьего октября́.

...preguntar por el mes de un acontecimiento y contestar:

- В како́м ме́сяце у вас бу́дет о́тпуск?
- В ма́е.

...preguntar por el año y el siglo de un acontecimiento y contestar:

- В како́м году́ роди́лся Юрий Гага́рин?
- В ты́сяча девятьсо́т три́дцать четвёртом году́.

- В како́м ве́ке жил Серва́нтес?
- В шестна́дцатом ве́ке.

...comunicar la fecha completa de un acontecimiento:

Мой оте́ц роди́лся **девя́того ию́ля ты́сяча девятьсо́т два́дцать тре́тьего го́да**.

...preguntar por el precio de un artículo y contestar:

- Ско́лько сто́ит э́тот шарф?
- Э́тот шарф сто́ит 2000 рубле́й.

Грамматика.

- Указа́тельные местоиме́ния. (Adjetivos demostrativos)

м.р.	ж.р.	ср.р.	мн.ч.
тот	та	то	те

- Коли́чественные числи́тельные. (Numerales cardinales)

100	**сто**
200	**две́сти**
300	**три́ста**
400	**четы́реста**
500	**пятьсо́т**
600	**шестьсо́т**
700	**семьсо́т**
800	**восемьсо́т**
900	**девятьсо́т**
1 000	**ты́сяча**
1 000 000	**миллио́н**

1   Кем ты работаешь?

- Вéра Ивáновна, **кем рабóтает** вáша дочь?
- Врачóм. Онá кóнчила медици́нский факультéт.
- А кто её муж?
- Он тóже врач.

кем?
инженéр**ом**
официáнтк**ой**

1.1   Упражнение.

Кем они́ рабóтают?

Образец: - Кем рабóтает *Сергéй*?
                    - Он рабóтает *продавцóм*.

Сергéй	Алексéй	Нáдя	Михаи́л	Мари́я	Зи́на
продавéц	официáнт	**парикмáхер**	**почтальóн**	**касси́р**	**медсестрá**

1.2   Задание.   Давайте поговорим.

Кем рабóтают твои́ роди́тели?
А твой брат и́ли твоя́ сестрá?
Кем рабóтает твой друг? Твоя подрýга?
А ты кем рабóтаешь?

рабóтать	
стать	*кем?*
быть	

- Кем ты хо́чешь быть?
- Я хочу́ **быть** космона́втом. А ты?
- А я, когда́ бу́ду больша́я, **ста́ну** учи́тельницей.

стать *св кем?*

я	ста́ну	мы	ста́нем
ты	ста́нешь	вы	ста́нете
он	ста́нет	они́	ста́нут

1.3 Упражнение.

худо́жник, **меха́ник**, **агроно́м**, учи́тельница, **по́вар**, инжене́р-строи́тель, **ветерина́р**, перево́дчик, медсестра́, **бизнесме́н**

Образе́ц: Кири́лл хорошо́ рису́ет, поэ́тому он хо́чет стать ____худо́жником____.

1. Я люблю́ маши́ны, поэ́тому я хочу́ стать _____.

2. Зи́на о́чень лю́бит гото́вить, поэ́тому она́ хо́чет быть _____.

3. Моя́ сестра́ зна́ет языки́, она́ хо́чет рабо́тать _____.

4. Лю́ба лю́бит дете́й, поэ́тому она́ хо́чет стать _____.

5. Влади́мир у́чится на экономи́ческом факульте́те, потому́ что он хо́чет быть _____.

6. Мне нра́вится стро́ить дома́, я хочу́ стать _____.

7. Мое́й подру́ге нра́вится помога́ть лю́дям, поэ́тому она́ хо́чет быть _____.

8. Моему́ сы́ну не нра́вится жить в го́роде, он хо́чет быть _____ и рабо́тать в дере́вне.

9. Я о́чень люблю́ соба́к и ко́шек. Я обяза́тельно бу́ду рабо́тать _____.

КЕМ БЫТЬ?

  1.4 Задание. Давайте поговорим. (Pregunte a tres compañeros)

а) Образец:

- Рика́рдо, кто твои роди́тели?
- Оте́ц - строи́тель, а мать - медсестра́.
- А ты кем хоте́л быть в де́тстве?
- **Лётчиком**.
- А кем стал? (ста́нешь?)
- Инжене́ром.
- Кем рабо́тал твой де́душка?
- Меха́ником.
- А ба́бушка?
- Она́ была́ домохозя́йкой.

Имя		Рика́рдо		
Кто твои роди́тели?	оте́ц	строи́тель		
	мать	медсестра́		
Кем ты хоте́л(а) быть в де́тстве?		лётчиком		
А кем стал(а)? ста́нешь?		инжене́ром		
Кем рабо́тал твой де́душка? А ба́бушка?		меха́ником была́ домохозя́йкой		

б) А теперь пишите.

Образец: Рика́рдо рассказа́л, что его́ оте́ц - строи́тель, мать - ...

_____

_____

_____

_____

Роди́тели **хотя́т, что́бы**
их сын <u>стал</u> архите́ктором.

| 1.5 | Упражне́ние. А чего́ хотя́т э́ти роди́тели?

Образец: *Оте́ц* хо́чет, что́бы *его́* сын стал *врачо́м*.

врач, программи́ст, футболи́ст, **адвока́т**, **музыка́нт**

| *оте́ц* | А́нна Ива́новна | роди́тели | мы | Оле́г Петро́вич |

Мой оте́ц <u>хо́чет пое́хать</u> в Москву́.

Мой оте́ц <u>хо́чет, что́бы я пое́хал</u> с ним в Москву́.

| 1.6 | Упражне́ние. Что с чем?

Ко́стя хо́чет,   что́бы его́ жена́ была́ домохозя́йкой.

Алексе́й не хо́чет,   пойти́ в кино́ сего́дня ве́чером?

Роди́тели хотя́т,   что́бы па́па купи́л ему́ но́вый мяч.

Мы хоти́м,   что́бы ты пошла́ с на́ми в похо́д.

Вы не хоти́те   что́бы я стал **хи́миком**.

Ты хо́чешь,   купи́ть но́вую маши́ну.

Я хочу́   что́бы я дала́ твой телефо́н Анто́ну?

КЕМ БЫТЬ?

Куда́ пойти́ учи́ться?

я́сли → де́тский сад → сре́дняя шко́ла → университе́т
(6 ме́сяцев-3 го́да) (3 го́да-6 лет) (6-17 лет) (17 лет-22 го́да)

В э́том году́ И́горь ко́нчил шко́лу
и поступи́л в университе́т.
Тепе́рь он студе́нт МГУ.

поступи́ть *св*		
я	поступлю́	мы _____
ты	посту́пишь	вы _____
он	_____	они́ _____

поступа́ть - поступи́ть *куда́?*

в шко́лу
в университе́т
в те́хникум
в учи́лище (ПТУ)
на ку́рсы
на рабо́ту

2.1 Упражне́ние.

Образец:

- Оле́г, ты, **ка́жется**, в про́шлом
  году́ поступа́л в университе́т?
- Да, поступа́л.
- Ну и как, поступи́л?
- Поступи́л.
- А на како́й факульте́т?
- *На филологи́ческий.*
- Но ты же **мечта́л** быть *журнали́стом.*
- Я **переду́мал**. Я реши́л стать *фило́логом.*

А тепе́рь вы:

истори́ческий / **архео́лог** / исто́рик
педагоги́ческий / врач / учи́тель(ница)
перево́дческий / **экономи́ст** / перево́дчик

2.2 Задание. а) Слушайте и читайте.

когда́?	
	оконча́ния шко́лы
	рабо́ты
по́сле	уро́ка
	обе́да
	экза́мена

Разреши́те предста́виться: меня́ зову́т Людми́ла Петро́вна, я ба́бушка Ля́ли Кузьмино́й, кото́рая живёт в седьмо́й кварти́ре и кото́рая ка́ждый ве́чер гуля́ет во **дворе́** со свое́й соба́кой Жу́чкой. Ля́ля у́чится в музыка́льном учи́лище, она́ игра́ет на **скри́пке**. Преподава́тели говоря́т, что она́ о́чень **тала́нтливая** де́вочка.

Когда́ Ля́ля была́ ма́ленькая, она́ ходи́ла в я́сли, потому́ что её роди́тели весь день рабо́тали. В 3 го́да она́ уже́ о́чень хорошо́ говори́ла и пе́ла! В де́тском саду́ она́ выступа́ла с други́ми детьми́ на пра́здниках: де́ти пе́ли, танцева́ли, чита́ли стихи́.

В 6 лет Ля́ля пошла́ в шко́лу. В Росси́и **уче́бный год** всегда́ начина́ется 1-го сентября́. В э́тот день де́ти, кото́рые иду́т в пе́рвый класс, да́рят свои́м учителя́м цветы́.

Когда́ Ля́ля учи́лась во второ́м кла́ссе, она́ начала́ ходи́ть в музыка́льную шко́лу. Сейча́с она́ у́чится в музыка́льном учи́лище, куда́ она́ поступи́ла **по́сле оконча́ния** 8-го кла́сса. Ля́ля мечта́ет стать **дирижёром**, поэ́тому она́ хо́чет поступи́ть в консервато́рию. Её роди́тели хотя́т, чтобы Ля́ля была́ музыка́нтом. Я, коне́чно, то́же.

Мо́жет быть, че́рез 5-6 лет мы бу́дем ходи́ть на её конце́рты. Приходи́те и вы!

б) Ве́рно и́ли неве́рно?

1. Ба́бушка Ля́ли живёт в кварти́ре № 7.   в / <u>н</u>

2. Ля́ля у́чится в музыка́льной шко́ле.   в / н

3. В 3 го́да Ля́ля уже́ хорошо́ игра́ла на скри́пке.   в / н

4. Когда́ Ля́ле бы́ло 8 лет, она́ учи́лась в музыка́льной шко́ле.   в / н

5. Ба́бушка хо́чет, что́бы Ля́ля учи́лась в консервато́рии.   в / н

6. Роди́тели Ля́ли уже́ приглаша́ют всех на конце́рт свое́й до́чери.   в / н

- Ну, что ты получи́ла по исто́рии?
- Тро́йку. Я пло́хо отвеча́ла.

- Ура́! Я получи́л пятёрку
  по филосо́фии!

отме́тки

5 - **пятёрка**   (отли́чно)
4 - **четвёрка** (хорошо́)
3 - **тро́йка**   (удовлетвори́тельно)
2 - **дво́йка**   (пло́хо)
1 - **едини́ца** (о́чень пло́хо)

Предме́т	Оце́нка
Ру́сский язы́к	5
Литерату́ра	4
Геоме́трия	2
А́лгебра	3
Исто́рия	4
Иностра́нный язы́к	5

 2.3   Задание. Слушайте и читайте.

Две ба́бушки на ла́вочке
Сиде́ли на приго́рке
Расска́зывали ба́бушки:
- У нас одни́ пятёрки!
Друг дру́га поздравля́ли,
Друг дру́гу жа́ли ру́ки.
Хотя́ экза́мен сда́ли
Не ба́бушки, а вну́ки.

2.4   Задание. а) Слушайте и читайте.

- Ну, как дела́, Макси́м? **Сдал экза́мен** *по англи́йскому языку́?*
- Коне́чно. Получи́л пятёрку!
- Поздравля́ю! Когда́ у тебя́ сле́дующий экза́мен?
- Че́рез *4 дня*, в пя́тницу. Бу́ду **сдава́ть** *литерату́ру.*
- **Ни пу́ха, ни пера́!**
- **К чёрту!**

| экза́мен | по матема́тике |
| | по ру́сскому языку́ |

сдава́ть - сдать

я	сдаю́	сдам
ты	сдаёшь	сдашь
он	сда_____	сдаст
мы	сда_____	сдади́м
вы	сда_____	сдади́те
они́	сдаю́т	сдаду́т

б) А тепе́рь вы:

англи́йский язы́к, 4 (день), литерату́ра
неме́цкий язы́к, неде́ля, филосо́фия
литерату́ра, 5 (день), исто́рия языка́
хи́мия, послеза́втра, испа́нский язы́к

 2.5   Задание. Слушайте и пишите.

И́мя	Куда́ бу́дет поступа́ть?	Кем ста́нет?	Кем мечта́л быть в де́тстве?
Воло́дя	*в университе́т*	*матема́тиком*	*матема́тиком*
Ка́тя			
Ко́стя			
Зи́на			
Све́та			
Анто́н			

 2.6   Задание. Давайте поговорим.

Когда́ начина́ется уче́бный год в шко́ле (в университе́те) в ва́шей стране́?
А в Росси́и?
В како́м ме́сяце шко́льники (студе́нты) сдаю́т экза́мены?
Каки́е экза́мены сдаю́т в шко́ле?
В ва́шей стране́ есть **вступи́тельные** экза́мены в университе́т?
У вас тру́дно поступи́ть в университе́т?
Куда́ вы поступи́ли (бу́дете поступа́ть) по́сле оконча́ния шко́лы?
Что вы бу́дете де́лать по́сле оконча́ния университе́та?

3 | **Чем ты занима́ешься в свобо́дное вре́мя?**

У меня́ расту́т года́,
Бу́дет и семна́дцать.
Где рабо́тать мне тогда́,
Чем занима́ться?
                    Вл. Маяко́вский.

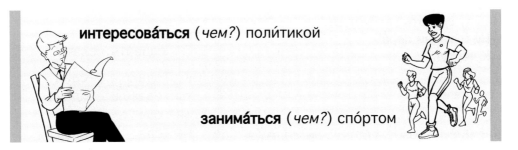

интересова́ться (*чем?*) поли́тикой

занима́ться (*чем?*) спо́ртом

 3.1   Задание. а) Слушайте и читайте.

- Ри́та, чем ты **занима́ешься** в свобо́дное вре́мя?
- Ру́сским языко́м. Я **интересу́юсь** исто́рией Росси́и и хочу́ чита́ть кни́ги по
  исто́рии Росси́и на ру́сском языке́. А ты, Со́ня?
- А я люблю́ теа́тр и ка́ждую суббо́ту хожу́ в теа́тр.

 3.2   Задание. Давайте поговорим.

А вы чем занима́етесь?
(медици́на, фи́зика, ру́сский язы́к…)

Чем интересу́етесь?
(астроло́гия, кино́, филосо́фия…)

Что де́лаете в свобо́дное вре́мя?
(игра́ть в те́ннис, петь в хо́ре, ката́ться на лы́жах…)

Когда́ мы обе́даем, мы смо́трим телеви́зор.
Во вре́мя обе́да мы смо́трим телеви́зор.

3.3 Зада́ние. а) Слу́шайте и чита́йте.

	когда́?
во вре́мя	**учёбы** о́тпуска обе́да

Семья́ Щегло́вых живёт в Москве́. В семье́ три челове́ка: роди́тели и дочь. Оте́ц, И́горь Бори́сович, **репортёр** (1), он рабо́тает в **реда́кции** журна́ла "Огонёк". Во вре́мя учёбы в университе́те (2) И́горь рабо́тал в реда́кции **университе́тской** газе́ты. Когда́ И́горь ко́нчил факульте́т журнали́стики (3), он на́чал рабо́тать в газе́те "Изве́стия", а в реда́кции журна́ла "Огонёк" он рабо́тает неда́вно.

Его́ жена́ Еле́на Алекса́ндровна рабо́тает учи́тельницей в шко́ле (4). Она́ **преподаёт** испа́нский язы́к, а в свобо́дное вре́мя у́чит **кита́йский** язы́к (5), потому́ что она́ интересу́ется культу́рой Кита́я.

А кем хо́чет стать их дочь Ири́на? Оте́ц хо́чет, что́бы она́ ста́ла матема́тиком: Ири́на о́чень лю́бит матема́тику (6), у неё прекра́сные отме́тки по э́тому предме́ту. Мать не хо́чет, что́бы Ири́на была́ учи́тельницей и́ли матема́тиком. Она́ хо́чет, что́бы её дочь ста́ла **певи́цей**, ведь Ири́на хорошо́ поёт. Ири́на с роди́телями о́чень ча́сто хо́дит слу́шать о́перу в Большо́й теа́тр. Но и матема́тика ей о́чень нра́вится. Она́ ещё не зна́ет, кем она́ ста́нет, а пока́ она́ с удово́льствием занима́ется и матема́тикой, и пе́нием.

б) Пиши́те. (¿Cómo se puede decir de otra manera?)

Образе́ц: (1) Оте́ц, И́горь Бори́сович, *___рабо́тает репортёром___* .

(2) Когда́ _____ , он рабо́тал в реда́кции университе́тской газе́ты.

(3) По́сле _____ И́горь на́чал рабо́тать в реда́кции газе́ты "Изве́стия".

(4) Его́ жена́ Еле́на Алекса́ндровна - _____ .

(5) Она́ преподаёт испа́нский язы́к, а _____
_____ .

(6) Оте́ц хо́чет, что́бы Ири́на ста́ла матема́тиком: она́ _____
_____ , у неё прекра́сные отме́тки по э́тому предме́ту.

3.4   Упражнение. Что с чем?

нельзя

После у́жина	мы узна́ли мно́го но́вого об э́том го́роде.
Во вре́мя о́тпуска	Серёжа сра́зу идёт спать.
Во вре́мя **экску́рсии**	мы е́здим на мо́ре.
По́сле рабо́ты	нельзя́ **включа́ть** моби́льный телефо́н.
Во вре́мя конце́рта	Ка́рлос пое́дет в Росси́ю на два ме́сяца.
По́сле оконча́ния Шко́лы языко́в	он познако́мился с одни́м испа́нским тури́стом.
Когда́ Юрий е́хал на да́чу,	мы иногда́ хо́дим в кино́.

с кем?

Ви́ктор поздоро́вался с журнали́ст**ами**.
с де́вушк**ами**.

кем?

Эти студе́нты хотя́т стать врач**а́ми**.
преподава́тел**ями**.

3.5   Упражнение.

Образец: - С кем ты пое́дешь ката́ться на лы́жах?
(подру́ги) - С подру́гами.

Запо́мните!

с друзья́ми
с бра́тьями
с детьми́
с людьми́
с сосе́дями

1.- С кем попроща́лся преподава́тель?
(студе́нты) _____

2.- Чем бо́льше всего́ интересу́ется твой брат?
(ша́хматы) _____

3.- Ви́ктор Петро́вич, кем хотя́т стать ва́ши студе́нты?
(перево́дчики) _____

4. - С кем ты договори́лся занима́ться ру́сским языко́м?

(друзья́) _____

5. - С кем ты ходи́ла вчера́ в го́сти?

(роди́тели) _____

6. - С кем вы **разгова́ривали** во дворе́?

(сосе́ди) _____

быть *где?*   **е́здить** *куда?*

Мы неда́вно <u>бы́ли</u> в Москве́.   Мы неда́вно <u>е́здили</u> в Москву́.

3.6 Упражнение.

Образец: - Валя, где ты была́ *ле́том?*
           - Е́здила в *Крым.*

А тепе́рь вы:

суббо́та / за́ город
воскресе́нье / рыба́лка
позавчера́ / экску́рсия

3.7 Задание. Слушайте и читайте.

   В суббо́ту мы с друзья́ми е́здили в дере́вню.Там живёт мой брат, кото́рый по́сле оконча́ния **агрономи́ческого** факульте́та пое́хал туда́ рабо́тать. У бра́та в дере́вне есть дом. Он живёт в нём со свои́ми ма́ленькими детьми́. У него́ нет жены́: она́ умерла́ два го́да наза́д. Сейча́с с ним живёт на́ша ма́ма. Она́ помога́ет ему́: покупа́ет проду́кты, гото́вит, смо́трит за детьми́.
   В ту суббо́ту мой брат то́же рабо́тал, но пришёл домо́й не о́чень по́здно. Во вре́мя у́жина он расска́зывал нам о свое́й рабо́те, а мы о на́шей учёбе. А в воскресе́нье мы все ходи́ли в лес. В Москву́ мы верну́лись в понеде́льник у́тром и **пря́мо** с вокза́ла пое́хали в университе́т.

КЕМ БЫТЬ?

- **С кем** вы ходи́ли в кино́?
- Со свои́ми но́выми колле́гами.

- **С кем** вы познако́мились в Москве́?
- С э́тими ру́сскими студе́нтками.

3.8 Упражнение.

Образец: - С кем ты *е́здил(а)* на Чёрное мо́ре?
           - *Со свои́ми роди́телями.*

А тепе́рь вы:

е́здить / дере́вня / мои́ де́ти
ходи́ть / похо́д / мои́ друзья́
быть / теа́тр / мои́ сосе́ди

3.9 Упражнение. Что с чем?

Áнна	танцу́ет	де́тскими врача́ми.
Жузе́п	ста́нут	хоро́шими специали́стами.
Га́ля и Ната́ша	познако́мился	со свои́ми друзья́ми.
Я	рабо́тают	с но́выми колле́гами.
Они́	разгова́ривает	с ру́сскими де́вушками.
Мари́я	знако́ма	со свои́ми роди́телями?
Вы	интересу́юсь	иностра́нными языка́ми.
Ты	попроща́лись	с э́тими молоды́ми людьми́?

3.10 Задание. Давайте поговорим.

Как тебя́ зову́т? Как твоя́ фами́лия?
Отку́да ты? Из како́го го́рода?
Когда́ ты роди́лся(ла́сь)? Како́го числа́ у тебя́ день рожде́ния?

Ско́лько лет тебе́ бы́ло, когда́ ты поступи́л(а) в шко́лу?
Каки́е предме́ты ты учи́л(а) в шко́ле?
Како́й предме́т тебе́ нра́вился бо́льше всего́?
Кем ты мечта́л(а) быть в де́тстве?

После окончания школы ты поступил(а) в университет или начал(а) работать?
Когда ты начал(а) изучать русский язык?
Сколько времени ты занимаешься русским языком дома?

Ты сейчас учишься или работаешь? Где?
На каком факультете ты учишься или учился(лась)?
Кем ты будешь(стал), когда кончишь(кончил) университет?
Чем ты интересуешься? А твои друзья?
Чем ты занимаешься в свободное время? А твои родители?

3.11 Задание. Слушайте песню.

В ЛЕСУ́ РОДИ́ЛАСЬ ЁЛОЧКА.

Р. Куда́шева.

В лесу́ роди́лась ёлочка,
В лесу́ она́ росла́,
_____ и ле́том стро́йная,
_____ была́.

Мете́ль ей _____ пе́сенку:
"Спи, ёлочка, бай-бай".
Моро́з снежко́м уку́тывал:
"Смотри́, не замерза́й!"

....

_____ она́, наря́дная,
На _____ к нам пришла́
И мно́го-мно́го ра́дости
Дети́шкам принесла́.

Новые слова:

агроно́м	agrónomo
агрономи́ческий (-ая, -ое, -ие)	de agronomía, agrónomo
адвока́т	abogado
археолог	arqueólogo
бизнесме́н	empresario
ветерина́р	veterinario
включа́ть *нсв*	enchufar, encender
во вре́мя	durante
вступи́тельный (экза́мен)	examen de selectividad
дво́йка	suspenso, mal (en los estudios)
двор	patio
де́тство	infancia
дирижёр	director (de orquesta, de coro)
едини́ца	suspenso, muy mal
занима́ться *нсв*	dedicarse, estudiar
интересова́ться (интересу́юсь...) *нсв*	interesarse
касси́р	cajero, -a
кита́йский, (-ая, -ое, -ие)	chino (adj.)
ку́рсы	cursillos
лётчик	piloto, aviador
медсестра́	enfermera
меха́ник	mecánico
мечта́ть *нсв*	soñar, ilusionarse por algo
музыка́нт	músico
нельзя́	no se puede, prohibido
отме́тка	nota (en los estudios)
парикма́хер	peluquero, -a
певе́ц (певи́ца)	cantante
переду́мать *св*	cambiar de idea, de opinión
по́вар	cocinero, -a
по́сле (оконча́ния)	después de (terminar)
поступа́ть *нсв*	ingresar
поступи́ть (поступлю́, посту́пишь...) *св*	ingresar (en la escuela, en la universidad)
почтальо́н	cartero, -a
предме́т	asignatura
преподава́ть (преподаю́...) *нсв*	enseñar, dar clases
пря́мо	directamente
пятёрка	excelente (nota)

разгова́ривать *нсв*	conversar, hablar
реда́кция	redacción (de un periódico)
репортёр	reportero
сдава́ть экза́мен (сдаю́, сдаёшь,... сдаю́т) *нсв*	examinarse
сдать экза́мен (сдам, сдашь, сдаст, сдади́м, сдади́те, сдаду́т) *св*	aprobar examen
скри́пка	violín
сре́дняя шко́ла	educación secundaria
стать (ста́ну, -ешь,...-ут) *св*	llegar a ser, hacerse
тала́нтливый	talentoso, de talento
те́хникум	escuela de peritaje
тро́йка	suficiente (nota)
университе́тский (-ая, -ое, -ие)	universitario (adj.)
учёба	estudios
уче́бный год	año académico
учи́лище	escuela de formación profesional
хи́мик	químico (sust.)
четвёрка	bien (nota)
экономи́ст	economista
экску́рсия	excursión, visita (de una ciudad)
я́сли *мн.ч.*	guardería

Географические названия

Крым	Crimea

Вы уже знаете, как...

...decir de qué trabaja:

Мой брат рабо́тает **меха́ником**.

...expresar su deseo referente a tercera persona:

Роди́тели **хотя́т, что́бы** Пе́тя стал врачо́м.

...hablar de la evaluación en los estudios:

Зи́на получи́ла **пятёрку по филосо́фии**.

...hablar de sus intereses:

Си́львия **интересу́ется** ру́сской литерату́рой,

поэ́тому она́ занима́ется ру́сским языко́м.

...desear suerte y contestar:

- Ни пу́ха ни пера́!

- К чёрту!

...expresar inseguridad, probabilidad:

- Ты не зна́ешь, когда́ приезжа́ет Па́вел?

- **Ка́жется**, в суббо́ту.

Грамма́тика

- Твори́тельный паде́ж существи́тельных, прилага́тельных и притяжа́тельных и указа́тельных местоиме́ний во мно́жественном числе́.
(Caso instrumental de los sustantivos y adjetivos calificativos, posesivos y demostrativos en plural)

Твори́тельный паде́ж		
(с) кем?	*(с) чем?*	
м.р.	*ж.р.*	*ср.р.*
(со) свои́ми студе́нтами	(с) но́выми студе́нтками	(с) э́тими пи́сьмами

У моего́ бра́та есть сын и дочь. Моему́ племя́ннику Бо́ре 6 лет, а мое́й племя́ннице Та́не 4 го́да.
Бо́ря **похо́ж на** своего́ отца́,
а Та́ня похо́жа на свою́ мать.

я, ты, он	**похо́ж**	
я, ты, она́	**похо́жа**	*на* кого́?
мы, вы, они́	**похо́жи**	

1.1 Зада́ние. Дава́йте поговори́м.

На кого́ вы похо́жи?
А на кого́ похо́ж ваш брат, ва́ша сестра́?

Э́то Ри́та и Ле́на, они́ - **близнецы́**,
они́ похо́жи, как две **ка́пли** воды́.

Он **высо́кий**.
(Она́ высо́кая.)

Он (она́) **сре́днего ро́ста**.

Он (она́) ма́ленького ро́ста.

НА КОГО ВЫ ПОХОЖИ?

Ро́дственники

мать	тётя
отéц	дя́дя
брат	двою́родный брат
сестра́	двою́родная сестра́
ба́бушка	племя́нник
де́душка	племя́нница
	внук
	вну́чка

1.2   Упражнение.

- *Твой брат* высо́кий?
- *Да, о́чень высо́кий. (- Нет, он сре́днего ро́ста.)*

А теперь вы: сестра́, мать...

Какие у него́ / у неё **глаза́**?

	голубы́е	
	си́ние	
У него́ большие	чёрные	
У неё ма́ленькие	зелёные	глаза́.
	ка́рие	
	се́рые	

1.3   Упражнение.

- *Какие* глаза́ *у твоего́ бра́та?*
- *Ка́рие.*

А теперь вы: сестра́, мать...

Каки́е у него́ / у неё **во́лосы**?

све́тлые

тёмные

коро́ткие

ры́жие

У него́
У неё

во́лосы.

ру́сые

дли́нные

кашта́новые

седы́е

Как вы́глядит э́тот мужчи́на?

Он **лы́сый**, с бородо́й и уса́ми.

усы́
борода́

1.4 Упра́жнение.

- Каки́е во́лосы *у твоего́ бра́та? Коро́ткие и́ли дли́нные?*
- *У него́ коро́ткие ру́сые во́лосы.*

<u>А тепе́рь вы:</u> сестра́, мать...

Он **худо́й**.
(Она́ худа́я.)

Он **по́лный / то́лстый**.
(Она́ по́лная / то́лстая.)

НА КОГО ВЫ ПОХОЖИ?

1.5 Упражнение.

Образец:

- Павел, ты знаешь, кто эта девушка с длинными светлыми волосами?
- Конечно, это моя сестра.

эта девушка / длинные светлые волосы / сестра
этот молодой человек / карие глаза / борода / брат
эта девушка / большие зелёные глаза / двоюродная сестра
этот полный лысый мужчина / усы / дядя
эта худая старая женщина / короткие седые волосы / бабушка

 1.6 Задание. Давайте поговорим.

1. Вы знаете, кто эти литературные **персонажи**?
2. Кто написал роман «Дон Кихот»?
3. Вы помните, в каком веке жил автор этого романа?
4. Как выглядит Дон Кихот?
5. А как выглядит Санчо Панса?

1.7 Упражнение. Серый или седой?

_____ пальто   _____ глаза

_____ волосы   _____ джемпер

1.8 Задание. Слушайте. Заполните таблицу.

Как выглядит этот молодой человек?

возраст (сколько лет)	
рост	
полный или худой	
глаза	
волосы	

1.9 Задание. Давайте поиграем. Вы хорошо́ зна́ете **друг дру́га**?

<table>
<tr><td>Студент А</td><td>Студент Б</td></tr>
<tr><td>Расскажи́те о своём това́рище по кла́ссу:
- как он вы́глядит,
- когда́ его́ имени́ны,
- чем он интересу́ется, что ему́ нра́вится.</td><td>Скажи́те, кто он/она́?</td></tr>
</table>

люби́ть	**друг**	**дру́га**
нра́виться	**друг**	**дру́гу**
говори́ть	**друг**	**с дру́гом**
ду́мать	**друг**	**о дру́ге**

1.10 Упражнение.

Семён и Ве́ра **дру́жат**.

Они́ уже́ 5 лет знако́мы друг _____ .

Они́ хорошо́ зна́ют и понима́ют друг _____ .

Они́ ча́сто помога́ют друг _____ .

Они́ ка́ждый день говоря́т по телефо́ну друг _____ .

Они́ всё вре́мя ду́мают друг _____ .

Да́же ка́жется, что они́ похо́жи друг _____ .

1.11 Кроссворд. Какое слово вы сможете прочитать?

1. alto
2. gordo
3. ojos
4. barba
5. bigote
6. calvo

НА КОГО ВЫ ПОХОЖИ?

2 | **В чём ты сего́дня?**

2.1 Задание. Слушайте и читайте.

- Не зна́ю, Ри́та, на кого́ ты похо́жа? Глаза́ у тебя́ голубы́е, во́лосы све́тлые.
На па́пу ты не похо́жа, на ма́му ты то́же не похо́жа. Пра́вда, ты лю́бишь
спорти́вную оде́жду, как твоя́ ма́ма, когда́ была́ молода́я. Ну-ка, посмотри́
на меня́. Ка́жется, ты похо́жа на меня́.
- Коне́чно, ба́бушка, мы с тобо́й о́чень похо́жи.

2.2 Упражнение.

Образец: - Ты зна́ешь, как э́то называ́ется по-ру́сски?
             - Коне́чно, э́то *ша́пка*.

1. *ша́пка*
2. шарф
3. **перча́тки**
4. плащ
5. ку́ртка
6. костю́м
7. руба́шка
8. га́лстук
9. ту́фли
10. боти́нки
11. **сапоги́**
12. **кроссо́вки**
13. **сви́тер**
14. джи́нсы
15. пла́тье
16. **ю́бка**
17. **шу́ба**
18. ма́йка

2.3 Задание. Давайте поговорим.

- В чём ты обы́чно хо́дишь ле́том, зимо́й..?
- Зимо́й я обы́чно хожу́ в джи́нсах и сви́тере, а ле́том...

А теперь вы.

	В чём она́?
Она́	в сви́тере.
	в ю́бке.
	в пла́тье.
	в но́в**ых** брю́к**ах**.
	в чёрн**ых** сапог**а́х**.

Предло́жный паде́ж

где?   о ком?   о чём?   в чём?   на чём?

	м.р.	ж.р.	ср.р.
Мы бы́ли	в э́т**их** город**а́х**	на интере́сн**ых** вы́ставк**ах**	в высо́к**их** зда́ни**ях**
Мы говори́ли	о на́ш**их** друзь**я́х**	о ру́сск**их** подру́г**ах**	о ста́р**ых** пи́сьм**ах**
Де́вушки бы́ли	в тёмн**ых** костю́м**ах**	в се́р**ых** ку́ртк**ах**	в бе́л**ых** пла́ть**ях**
Мой друзья́ лю́бят е́здить	на мотоци́кл**ах**	на маши́н**ах**	

2.4 Упражнение. Пишите.

1. Где бы́ли тури́сты? _____
_____ (музе́и и вы́ставки)

2. В чём молоды́е лю́ди е́здили за́ город? _____
_____ (ста́рые ку́ртки и джи́нсы)

3. О чём вы говори́те? _____
_____ (после́дние но́вости)

4. О ком пи́шет мать в свои́х пи́сьмах? _____
_____ (сёстры, бра́тья и сосе́ди)

5. В каки́х города́х есть метро́? _____
_____ (больши́е города́)

6. На чём е́дут де́ти на экску́рсию? _____
_____ (авто́бусы)

2.5   Задание. Слушайте и читайте.

Новые сапоги.

Скоро зима. На улице уже холодно. Маша смотрит, что у неё есть из тёплой одежды.

В прошлом году она купила хорошее тёплое пальто, но сапоги у неё уже старые, ей **нужны** новые. Вчера она видела в магазине красивые **коричневые** сапоги, которые ей понравились, но они очень дорогие.

Скоро у неё день рождения, и родители дали ей деньги на подарок. Маша решила купить коричневые сапоги, которые она видела в магазине.

2.6   Упражнение. Коричневый, каштановый или карий?

- У твоей мамы серые глаза?

- Нет, _____ .

- А волосы у неё какие?

- _____ .

- Какой цвет она любит?

- _____ .

2.7   Упражнение.

Образец:
Шура хочет позвонить, а у неё нет телефона.
Ей нужен телефон _____ .

мне	**нужен** свитер
	нужна юбка
	нужно платье
	нужны туфли

1. Пётр едет отдыхать, а у него нет чемодана.

_____ .

2. На улице холодно, а у меня нет шубы.

_____ .

3. В субботу в университете вечер, а у Кати нет нового платья.

_____ .

4. Бори́с игра́ет в баскетбо́л, у него́ уже́ о́чень ста́рые кроссо́вки.

_____ .

5. Никола́й Макси́мович сейча́с рабо́тает до́ма, но у него́ нет компью́тера.

_____ .

6. Мы лю́бим е́здить за́ город, но у нас нет маши́ны, а поезда́ хо́дят ре́дко.

_____ .

 2.8   Зада́ние. а) Слу́шайте и чита́йте.

- Зна́ешь, Е́ва, 26-го января́ в Барсело́ну
  должна́ прие́хать из Каза́ни моя́ подру́га
  со свои́м му́жем, а я не могу́ их встре́тить.
- Али́сия, хо́чешь я их встре́чу?
- Пра́вда? Спаси́бо, Е́ва.
- А как я их **узна́ю**? Как они́ вы́глядят?
- Моя́ подру́га Лари́са худа́я, ма́ленького
  ро́ста, а её муж Михаи́л высо́кий, по́лный
  мужчи́на, у него́ ка́рие глаза́ и ры́жие
  во́лосы.
- А в чём они́ бу́дут?
- Наве́рное, Михаи́л бу́дет в костю́ме, а
  Лари́са бу́дет, как всегда́, в джи́нсах, в
  сви́тере и ку́ртке.
- **Не беспоко́йся**, всё бу́дет отли́чно. Так
  мы и познако́мимся.

встре́тить *св кого́?*
встре́чу
встре́тишь
_____
_____
встре́тят

узна́ть *св кого́?*
узна́ю
узна́ешь
узна́ет
узна́ем
узна́ете
узна́ют

б) Напиши́те вопро́сы:

1. - _____ ?
   - 26-го января́.
2. - _____ ?
   - В Каза́ни.
3. - _____ ?
   - У него́ ка́рие глаза́.
4. - _____ ?
   - В костю́ме.
5. - _____ ?
   - В джи́нсах, в сви́тере и ку́ртке.
6. - _____ ?
   - Е́ва.

НА КОГО ВЫ ПОХОЖИ?

2.9   Упражнение. Пишите.

На дискотéке Сóня познакóмилась с одни́м молоды́м человéком. Егó

зову́т Артём. Он ____*высóкий*____ и _____ ,

у негó _____   _____   вóлосы,

_____   глазá . Она узнáла, что Артём

рабóтает в магази́не _____ и что на рабóту

он дóлжен ходи́ть _____ и _____

_____ , но сегóдня у негó выходнóй день, и поэ́тому он был

_____ и _____ .

Артёму и Сóне óчень нрáвится _____ .

Они́ весь вéчер танцевáли и разговáривали о свои́х люби́мых гру́ппах.

Сóня и Артём понрáвились друг дру́гу, но, к сожалéнию, пóсле дискотéки

Сóня забы́ла попроси́ть у негó нóмер _____ .

2.10   Задание. а) Слушайте 2 текста. Отметьте Х, какие рисунки соответствуют
этим текстам. (Marque con una X los dibujos que corresponden
a los textos.)

а)   б)   в)   г)

б) Давайте поговорим. Скажите, как выглядят эти люди, в чём они?

Что вы ча́сто слы́шите на уро́ках ру́сского языка́?

> Чита́йте!   Слу́шайте!
>
> Отвеча́йте!   Говори́те по-ру́сски!
>
> Пиши́те!   Повтори́те!   Отве́тьте на вопро́сы!
>
> Откро́йте кни́ги!   Закро́йте кни́ги!
>
> Не забу́дьте прочита́ть текст!

	Повели́тельное	**наклоне́ние**	**(императи́в)**		
			императи́в		
инфинити́в	*1-ое* / *3-ье лицо́*		**-й**	**-и**	**-ь**
чита́ть	чита́ю	чита́ют	чита́й, -те		
занима́ться	занима́юсь	занима́ются	занима́йся, -тесь		
смотре́ть	смотрю́	смо́трят		смотри́, -те	
учи́ться	учу́сь	у́чатся		учи́сь, -тесь	
купи́ть	куплю́	ку́пят		купи́, -те	
гото́вить	гото́влю	гото́вят			гото́вь, -те
почи́стить	почи́щу	почи́стят			почи́сть, -те
Запо́мните!					
дава́ть	дава́й, -те				
встава́ть	встава́й, -те				
пить	пей, -те				
есть	ешь, -те				

3.1 Упражне́ние.

Образе́ц: - Сде́лать тебе́ ко́фе? - _____*Сде́лай*_____ .

1. - Позвони́ть Ка́рлосу? - _____ .
2. – Взять биле́ты в теа́тр? - _____ .
3. – Купи́ть хлеб и молоко́? - _____ .
4. – Пригото́вить борщ на обе́д? - _____ .
5. – Познако́мить тебя́ с па́пой? - _____ .
6. – Написа́ть откры́тку Лю́бе? - _____ .
7. – Отве́тить на письмо́ Рома́на? - _____ .
8. – Прочита́ть э́тот расска́з? - _____ .

НА КОГО ВЫ ПОХОЖИ?

3.2 Упражнение. Что вы посове́туете дру́гу?

ходи́ть, отдохну́ть, взять, беспоко́иться, спроси́ть

1. - Мне ну́жен испа́нско-ру́сский слова́рь.
   - _____ в библиоте́ке.

2. - Ты не зна́ешь, когда́ бу́дет контро́льная рабо́та?
   - Нет, не зна́ю. _____ преподава́теля.

3. - Я о́чень уста́л.
   - _____ по́сле рабо́ты.

4. - Я ду́маю, что я не сдам экза́мен.
   - _____ . Всё бу́дет отли́чно.

5. - Я всегда́ е́зжу на рабо́ту на авто́бусе, а ведь рабо́та недалеко́.
   - _____ пешко́м, э́то дёшево и **поле́зно**.

3.3 Задание. а) Слушайте и читайте.

Молода́я же́нщина прихо́дит в мили́цию. У неё укра́ли су́мку.

Т. - тури́стка
М.- милиционе́р

укра́сть *св что?*
он   укра́л
она́   укра́ла
они́   укра́ли

Т. - Помоги́те! У меня́ укра́ли су́мку.
М. - Так-так. **Сади́тесь**, пожа́луйста. Расскажи́те, **что случи́лось**.
Т. - Я пе́рвый **раз** в э́том го́роде, я испа́нка, прие́хала из Мадри́да, живу́ сейча́с в гости́нице. В су́мке бы́ли па́спорт, **креди́тные ка́рточки**, там не́ было де́нег. Что мне де́лать?
М. - Где э́то бы́ло? На како́й у́лице?
Т. - Здесь, недалеко́. Я не зна́ю, как называ́ется э́та у́лица.
М. - Хорошо́. Не беспоко́йтесь. Вы ви́дели челове́ка, кото́рый укра́л у вас су́мку?
Т. - Пло́хо, всё бы́ло так бы́стро.
М. - Скажи́те, э́то был мужчи́на и́ли же́нщина?
Т. - Э́то был молодо́й челове́к.
М. - Худо́й и́ли по́лный?
Т. - Худо́й, ма́ленького ро́ста.
М. - А каки́е у него́ во́лосы?
Т. - Я не по́мню, ка́жется, коро́ткие и тёмные, нет-нет, све́тлые.

М. - В чём он был?

Т. - В ку́ртке и в ша́пке.

М. - Хорошо́. Прочита́йте и **подпиши́тесь.**

Т. - Всё пра́вильно. Но что мне сейча́с де́лать? У меня́ нет докуме́нтов.

М. - Мы вам сего́дня ве́чером позвони́м. А сейча́с иди́те в ва́ше **посо́льство** и попроси́те но́вые докуме́нты.

Т. - До свида́ния.

М. - Всего́ хоро́шего.

 б) Работа с текстом.

императи́в	1-ое	3-е лицо́	инфинити́в
помоги́те	*помогу́*	*помо́гут*	*помо́чь*
	сажу́сь	садя́тся	
	беспоко́юсь		
	скажу́	ска́жут	
	прочита́ю		
	подпишу́сь	подпи́шутся	
	иду́		
	попрошу́		

 3.4 Задание. а) Слушайте песню.

А ОН МНЕ НРА́ВИТСЯ

муз. **В. Шаинского**

слова **А. Жигарёва**

Мне говоря́т: «Он _____ _____ ».

Мне говоря́т: «Оде́т он сли́шком про́сто».

Мне говоря́т: «Пове́рь, что _____ па́рень

_____ не па́ра, совсе́м не па́ра».

Припе́в: А он мне нра́вится, нра́вится, нра́вится,

И для меня́ на све́те _____ лу́чше нет.

А он мне нра́вится, нра́вится, нра́вится,

И э́то всё, что я _____ сказа́ть в отве́т.

НА КОГО ВЫ ПОХОЖИ?

Он объясни́ться _____ в любви́ не сме́ет

И то́лько лишь как _____ красне́ет.

Мне _____ : «Твой вы́бор не из лу́чших;

Ты нас _____ , ты нас _____ ».

    Припев.

Призна́ться вам, сама́ не _____ ,

Заче́м о нём так _____ я вздыха́ю.

И _____ мне то́лько све́тит со́лнце

В его́ око́нце, в его́ око́нце.

    Припев.

б) Работа с текстом. Найдите:

1. сино́ним: *молодо́й челове́к* – _____

2. глаго́л от сло́ва: *кра́сный* – _____

3. императи́в: _____

Новые слова:

беспоко́иться *нсв*	inquietarse, preocuparse
близнецы́	gemelos, mellizos
борода́	barba
во́лосы *мн.ч.*	cabellos
встре́тить (встре́чу, встре́тишь, ...-ят) *св*	recibir (a alguien en el aeropuerto...)
вы́глядеть *нсв*	tener aspecto
высо́кий (-ая, -ое, -ие)	alto
глаз, -а́	ojo, (s)
голубо́й	azul claro (celeste)
дава́ть (даю́, даёшь, ...-ю́т) *нсв*	dar
дли́нный	largo
дружи́ть *нсв*	tener amistad
ка́рий (-ие)	castaño (color de ojos)
ка́пля	gota
кашта́новый	castaño (color)
кори́чневый	marrón
коро́ткий (-ая, -ое, -ие)	corto
креди́тная ка́рточка	tarjeta de crédito
кроссо́вки	zapatos deportivos
лы́сый	calvo
ну́жен (нужна́, ну́жно, нужны́)	necesitar (algo)
оде́жда	ropa
персона́ж	personaje
перча́тка	guante
подписа́ться *св*	firmar
поле́зно	es útil, es sano
по́лный	grueso, relleno
посове́товать (посове́тую, -ешь, ...-ют) *св*	aconsejar
посо́льство	embajada
похо́ж, -а, -и	parecerse
раз	vez
ро́дственник	pariente
рост	estatura, talla
ру́сый	castaño claro (cabellos)
ры́жий (-ая, -ие)	pelirrojo
сади́ться (сажу́сь, сади́шься, ...-я́тся) *нсв*	sentarse, tomar asiento
сапоги́	botas altas
све́тлый	claro
сви́тер	suéter, jersey

седо́й	canoso
се́рый	gris
спорти́вный	deportivo
сре́дний (-яя, -ее, -ие)	medio, mediano
тёмный	oscuro
то́лстый	gordo
узна́ть *св*	reconocer a alguien
укра́сть (украду́, украдёшь, ...-у́т) *св*	robar
усы́ *мн.ч.*	bigote
худо́й	delgado, flaco
ша́пка	gorro
шу́ба	abrigo de pieles
ю́бка	falda

Вы уже знаете, как...

...describir a una persona:	Он сре́днего ро́ста. У него́ голубы́е глаза́. У него́ ру́сые во́лосы. Он по́лный.
...expresar la reciprocidad de la acción: (acción mutua)	Помога́ть **друг дру́гу**.
...expresar la necesidad de algo:	Мне **нужны́** ту́фли.
...decir qué lleva puesto la persona:	Татья́на **в ку́ртке и в сапога́х**.
...aconsejar, pedir...	**Купи́** ей пода́рок.
...preguntar qué ha sucedido:	**Что случи́лось?**

Грамматика.

- Предло́жный паде́ж существи́тельных, прилага́тельных, притяжа́тельных и указа́тельных местоиме́ний во мно́жественном числе́. (Caso prepositivo de los sustantivos, adjetivos, adjetivos posesivos y demostrativos en plural.)

Предло́жный паде́ж

где?	о ком?	о чём?	в чём?	на чём?
	м.р.		ж.р.	ср.р.
Мы бы́ли	в э́тих города́х	на интере́сных вы́ставках		в высо́ких зда́ниях
Мы говори́ли	о на́ших друзья́х	о ру́сских подру́гах		о ста́рых пи́сьмах
Де́вушки бы́ли	в тёмных костю́мах	в се́рых ку́ртках		в бе́лых пла́тьях
Мои́ друзья́ лю́бят е́здить	на мотоци́клах	на маши́нах		

- Повели́тельное наклоне́ние (императи́в). (Modo imperativo.)
  (только 2-ое лицо: ты, вы)

	ед.ч.	мн.ч.
-й	чита́й	чита́йте
-и	говори́	говори́те
-ь	пригото́вь	пригото́вьте

1 | ## Куда́ вы лети́те?

 1.1 Задание. Слушайте и читайте.

В аэропорту́.

- Приве́т, Серге́й! Что ты здесь де́лаешь?
- Здра́вствуй, Франси́ско! Я **то́лько что** прие́хал из Москвы́. А ты?
- А я **лечу́** в Москву́.
- **Счастли́вого пути́!**

лете́ть	нсв куда́?
я	лечу́
ты	лети́шь
он	_____
мы	_____
вы	_____
они́	_____

 1.2 Задание. Слушайте и читайте.

Разгово́р стюарде́ссы с пассажи́ром.

- Прости́те, у вас ру́сский па́спорт?
- Нет, испа́нский.
- Тогда́ вам ну́жно **запо́лнить** миграцио́нную ка́рту. Вот **бланк**.
- Спаси́бо.

заполня́ть - запо́лнить	что?
	бланк
	деклара́цию

1.3 Упражнение.

В самолёте.

- Извини́те, вы так хорошо́ говори́те по-ру́сски. Отку́да вы?
- Я из Барсело́ны. А вы?
- Я из Волгогра́да. Отдыха́л в Ма́лаге.
- Хорошо́ отдохну́ли?
- Отли́чно. Загора́л, купа́лся. А вы ча́сто **лета́ете** в Росси́ю?
- Нет, *оди́н раз в год, в го́сти*.

А теперь вы:

то́лько ле́том / в о́тпуск
иногда́ / **в командиро́вку**
ре́дко / то́лько по дела́м

лета́ть	нсв куда́?	→

⟶ куда?

ИДТИ́   Сейча́с Са́ша идёт в магази́н.
Е́ХАТЬ   Сейча́с Са́ша е́дет на рабо́ту на трамва́е.
ЛЕТЕ́ТЬ   Сейча́с Са́ша лети́т в А́нглию.

⟹ куда?

ХОДИ́ТЬ   Саша хо́дит ка́ждый день на рабо́ту.
Е́ЗДИТЬ   Саша е́здит ка́ждый день на рабо́ту на трамва́е.
ЛЕТА́ТЬ   Саша лета́ет ка́ждую неде́лю в Брюссе́ль.

⟵ куда?   где?

ХОДИ́ТЬ   Вчера́ Са́ша ходи́л в магази́н.   Вчера́ Са́ша был в магази́не.
Е́ЗДИТЬ   В суббо́ту Са́ша е́здил в дере́вню. = БЫТЬ   В суббо́ту Са́ша был в дере́вне.
ЛЕТА́ТЬ   В ма́е Са́ша лета́л в Брюссе́ль.   В ма́е Са́ша был в Брюссе́ле.

люби́ть   ходи́ть
                   е́здить
нра́виться   лета́ть

1.4 Упражнение. Что с чем?

Кири́ллу Петро́вичу не нра́вится	на я́рмарке.
Её ста́ршая сестра́ сейча́с	хо́дит в бассе́йн.
Мой племя́нник ка́ждый вто́рник	лети́т по дела́м в Перу́.
На́ши роди́тели ка́ждую суббо́ту	в командиро́вку в Ту́лу.
Мой друзья́ неда́вно бы́ли	в о́перный теа́тр.
Сего́дня Ири́на Влади́мировна	лета́ть на самолёте.
Вчера́ его́ тётя ходи́ла	е́здят на да́чу.
Позавчера́ я е́здила	идёт в апте́ку.
Вот наш дя́дя е́дет	всегда́ лета́ет на самолёте.
Из Мадри́да в Барсело́ну Се́рхио	на велосипе́де на рабо́ту.

ДОБРО ПОЖАЛОВАТЬ!

2 | **Кого́ вы встреча́ете?**

2.1 Задание. Слушайте и читайте.

встреча́ть – встре́тить *кого́?*

В аэропорту́ всегда́ мно́го люде́й. Одни́ сдаю́т **бага́ж**, други́е встреча́ют и́ли **провожа́ют** свои́х друзе́й и́ли знако́мых.

Здесь пассажи́ры пока́зывают свой бага́ж на **тамо́жне**, а там тури́сты уже́ прохо́дят че́рез па́спортный контро́ль.

Я то́же сейча́с в аэропорту́, но я **никуда́** не лечу́: я не люблю́ лета́ть на самолёте. Сего́дня я встреча́ю свои́х друзе́й из Фра́нции. Я бо́льше люблю́ встреча́ть, а не провожа́ть. А вам что бо́льше нра́вится: встреча́ть и́ли провожа́ть?

Вини́тельный паде́ж

		кого́?			*Запо́мните!*
Анастаси́я	встре́тила	свои́х	студе́нт**ов**.	(студе́нт)	врач**е́й**
		на́ших	учител**е́й**.	(учи́тель)	иностра́нц**ев**
		но́вых	подру́г.	(подру́га)	бра́т**ьев**
		э́тих	студе́нт**ок**.	(студе́нтка)	сынов**е́й**
					друз**е́й**
		что?			матер**е́й**
Анастаси́я	прочита́ла	но́вые	журна́лы.		дочер**е́й**
			газе́ты.		дет**е́й**
			пи́сьма.		сестёр

2.2 Упражнение.

Образец: Вы хорошо́ зна́ете его́ _____ *сестёр* _____ (сёстры)?

1. Неда́вно моя́ тётя купи́ла _____
(но́вые очки́).

2. Кири́лл встре́тил на вокза́ле _____
(шко́льные друзья́).

3. Ты пригласи́ла _____ (до́чери)
Кири́лла Петро́вича на обе́д?

4. Я забыла _____ (ваши письма)
   на столе в офисе.

5. Когда мы были в России, мы смотрели _____
   (интересные фильмы) на русском языке.

6. Этому художнику нравится рисовать _____
   (наши дети).

7. Вы видели на конгрессе _____ (преподаватели)
   нашей школы?

8. Клавдия встречает в аэропорту _____ (сыновья)
   своей подруги.

9. Фёдор Петрович очень любит _____
   (свои маленькие племянники).

10. Мы плохо понимаем _____
    (эти иностранцы).

| 2.3 Упражнение.

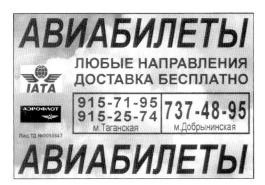

В кассе.

- Дайте, пожалуйста, один билет
  на **рейс** 513 до Владивостока.
- На какое число?
- На *16-ое апреля.*
- *На 16-ое* уже нет билетов.
- Тогда дайте на 17-ое.
- *13800 рублей.*
- Вот, пожалуйста.

билет	на вторник
	на вечер
	на 16-ое апреля
	на январь

А теперь вы:

367 / Хабаровск / 23 марта / 14500 руб.
112 / Чита / 11 июля / 15210 руб.
219 / Иркутск / 13 октября / 13953 руб.

2.4   Задание. Слушайте и пишите.

В международном аэропорту́ Шереме́тьево-2.

Рейс		716		511		601
Отку́да?	Рим	Брюссе́ль	Варша́ва	Лиссабо́н	Нью-Йо́рк	Жене́ва
Вре́мя прилёта	10.15		13.45		12.00	

2.5   Упражнение.

В аэропорту́.

- Ой, Ли́дия Васи́льевна, здра́вствуйте! Что вы здесь де́лаете?
- Здра́вствуй, На́стя! Встреча́ю *бра́та из Герма́нии*. А ты?
- А *я подру́гу из Испа́нии*.

роди́тели / Ита́лия / друзья́ / Гре́ция
колле́ги / Голла́ндия / двою́родный брат / А́нглия
вну́ки / Шве́ция / знако́мая / Уругва́й

2.6 Задание. а) Слушайте и пишите.

кто прилета́ет?	день и вре́мя	число́	кто встреча́ет?
Алёна			
Робе́рто			*Вита́лий Миха́йлович*
Зо́я			**никто́**

 б) Давайте поговорим. Разгово́р по телефо́ну.

1. Вы лети́те в Петербу́рг. Позвони́те в ру́сскую фи́рму и скажи́те, когда́ вы прилета́ете и каки́м ре́йсом.

2. Ты лети́шь в Ирку́тск. Позвони́ своему́ дру́гу и скажи́, когда́ ты прилета́ешь и каки́м ре́йсом.

3 | **Отку́да вы прие́хали?**

 3.1 Задание. Слушайте и читайте.

«А» (Въезд/Arrival)

Российская Федерация				Russian Federation

Миграцио́нная карта
Migration Card   **5 0 0 3 0 1** 9468183

Фами́лия/*Surname*												

Имя/*Given name*

Отчество/*Patronymic*

Дата рождения/*Date of birth*			Пол/*Sex*	

День Ме́сяц Год
Day   Month   Year

Муж/*Male*   Жен/*Female*

№ паспорта/*Passport No.*   Гражданство/*Nationality*

Цель визита/*Purpose of visit:*   Адрес (организация) в России
Служебная/*Service* ☐   Туризм/*Tourism* ☐   *Address (host organization) in Russia:*
Коммерческая/*Commerce* ☐
Учеба/*Education* ☐   Работа/*Employment* ☐
Частная/*Private* ☐   Транзит/*Transit* ☐

Срок пребывания/*Term of stay:*   Подпись/*Signature:*
С/*From:*   До/*Until:*

Для служебных отметок/*Official use only*

Въезд/*Arrival*

Па́спортный контро́ль.

- Ваш па́спорт, пожа́луйста.
- Пожа́луйста.
- А где ва́ша миграцио́нная ка́рта?
- Извини́те, вот она́.
- Хорошо́, проходи́те.

3.2 Задание. Слушайте и читайте.

На тамо́жне.

- Это ваш бага́ж?
- Да, вот мой су́мка и чемода́н.
- Покажи́те, пожа́луйста, деклара́цию.
- Пожа́луйста.
- Откро́йте су́мку.
- Чемода́н то́же откры́ть?
- Нет, не на́до. Спаси́бо. Проходи́те.

открыва́ть - откры́ть *что?*

я	откро́ю
ты	откро́ешь
он	_____
мы	_____
вы	_____
они́	_____

имп.: откро́й, -те

3.3   Задание. Слушайте. Чей это багаж?

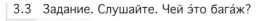

а -   образец: б   1   в -   г -

д -   е -   ж -   з -

3.4   Задание. Слушайте и читайте.

Сего́дня мы с бра́том е́дем встреча́ть на́ших друзе́й из Испа́нии. Они́ **прилета́ют** в 12 часо́в дня ре́йсом 330 из Вале́нсии. Когда́ мы прие́хали в аэропо́рт, мы **узна́ли**, что самолёт то́лько что **прилете́л**. А вот и на́ши друзья́! Как хорошо́ **сно́ва уви́деться** со ста́рыми друзья́ми!

- Отку́да прилете́ли их друзья́?
- Из Вале́нсии.

Куда́ идёт Га́ля?
Она́ идёт в магази́н.

Отку́да идёт Га́ля?
Она́ идёт из магази́на.

Отку́да пришла́ Га́ля?
Она́ пришла́ из магази́на.

Куда́ пришла́ Га́ля?
Она́ пришла́ домо́й.

прийти́		
прие́хать	*куда́?*	в / на
прилете́ть	*отку́да?*	из / с

3.5 Упражнение. Куда́ или отку́да?

Образец: Отку́да прие́хали студе́нты?
Они́ прие́хали из Берли́на.

Куда́ они́ прие́хали?
Они́ прие́хали в Москву́.

1. Отку́да прилете́ла Мари́я Хосе́?

_____

Куда́ она́ прилете́ла?

_____

2. Отку́да пришли́ Вади́м и Кла́ва?

_____

Куда́ они́ пришли́?

_____

3. Отку́да прие́хал Пе́тя?

_____

Куда́ прие́хал Пе́тя?

_____

3.6 Упражнение. Прийти́, прие́хать и́ли прилете́ть?

а) - Ра́ньше мой друг жил в Ки́еве.
   - Он давно́ _____ из Ки́ева?
   - Пять лет наза́д.

б) - У́тром его́ ма́ма была́ на по́чте.
   - Когда́ она́ _____ с по́чты?
   - Три часа́ наза́д.

в) - Мы бы́ли в о́тпуске на Ку́бе.
   - Когда́ вы _____ с Ку́бы?
   - Два дня наза́д.

отку́да?

возвраща́ться – верну́ться

- Ты зна́ешь, Вади́м отдыха́л в Со́чи.
- А он уже́ прие́хал?
- Да, он верну́лся два дня наза́д.

3.7 Упражне́ние. Скажи́те, отку́да верну́лись э́ти лю́ди?

Образе́ц:
Моя́ ма́ма ходи́ла в магази́н.
Она́ верну́лась из магази́на.

1. Ли́дия Васи́льевна отдыха́ла на Малье́рке.
2. Кири́лл Петро́вич рабо́тал в Венесуэ́ле.
3. В воскресе́нье мои́ сыновья́ е́здили на да́чу.
4. Вы бы́ли в музе́е.
5. Я занима́лась в библиоте́ке.

4 | **С приéздом!**

4.1   Задание. Слушайте и читайте.

В аэропортý.

- Здрáвствуйте! Вы сеньóр Гарсúя?
- Да.
- **Добрó пожáловать** в Петербýрг! **Как долетéли?**
- Хорошó, но немнóго устáл.

На вокзáле.

- Привéт, ребя́та! **С приéздом!**
- Здрáвствуй, Кóля!
- Ну, **как доéхали**?
- Нормáльно, тóлько óчень устáли.

Как долетéли? Как доéхали?	прекрáсно отлúчно нормáльно **невáжно** плóхо

4.2   Задание. Давáйте поговорúм. Состáвьте диалóг.

1. Ты приглáсил(а) сво ́ю рýсскую подрýгу (дрýга) в Испáнию. Ты встречáешь её (егó) в аэропортý.
2. Вы встречáете на вокзáле рýсского бизнесмéна.

4.3   Задание. а) Слушайте и читайте.

Встрéча в аэропортý.

- Елéна Максúмовна?
- Да, э́то я.
- Вы меня́ не **узнаёте**? Я пришёл вас встрéтить.
- Но ведь меня́ дóлжен встречáть сын.

- А я его́ друг, Андре́й. Вы меня́ не по́мните?
- Не мо́жет быть! Андрю́ша! Я же тебя́ не ви́дела лет 10. **Как бы́стро лети́т вре́мя!**
- Как долете́ли, Еле́на Макси́мовна?
- Отли́чно. А почему́ не пришёл мой сын?
- Он в командиро́вке и попроси́л меня́ вас встре́тить.
- Большо́е спаси́бо, Андрю́ша. У меня́ о́чень **тяжёлый** чемода́н.
- Не беспоко́йтесь, я помогу́ вам. Пойдёмте.

узнава́ть - узна́ть *кого?*

я	узнаю́
ты	узнаёшь
он	_____
мы	_____
вы	_____
они́	_____

б) Отве́тьте на вопро́сы.

1. Где разгова́ривают э́ти лю́ди?
2. Кто встреча́ет Еле́ну Макси́мовну?
3. Почему́ не смог прийти́ её сын?
4. Ско́лько вре́мени она не ви́дела Андре́я?
5. Како́й у неё чемода́н?

4.4   Упражне́ние.

АЭРОЭКСПРЕСС
Павелецкий вокзал – «Домодедово»

С августа введена в действие «Скоростная транспортная система» (СТС), соединившая Павелецкий вокзал и Международный аэропорт Домодедово. Цель проекта – предоставление авиапассажирам комфортабельного, надежного, безопасного и удобного способа проезда до аэропорта «Домодедово». Регистрация авиапассажиров, прием и обработка багажа на Павелецком вокзале заканчивается за 2 ч 30 мин.

Стоимость проезда – 50 руб.

Спра́вочная в аэропорту́.

- Скажи́те, пожа́луйста, как дое́хать до це́нтра?
- На электри́чке, на авто́бусе и́ли на такси́.
- Ско́лько вре́мени е́хать *на электри́чке?*
- *40 мину́т.*
- А ско́лько сто́ит биле́т?
- *50 рубле́й.*
- Спаси́бо.

А тепе́рь вы:

авто́бус / 55 / мину́та / 37 / рубль
такси́ / 30 / мину́та / 200 / рубль

б) Дава́йте поговори́м. Соста́вьте диало́г.

Вы рабо́таете в спра́вочной аэропо́рта и́ли вокза́ла. Скажи́те тури́сту, как дое́хать до це́нтра.

РАСПИСАНИЕ ДВИЖЕНИЯ «АЭРОЭКСПРЕССА» *

Из Москвы		В Москву	
6:00	6:40	8:00	8:40
7:00	7:40	9:00	9:40
8:00	8:40	10:00	10:40
9:00	9:40	11:00	11:40
10:00	10:40	12:00	12:40
11:00	11:40	13:00	13:40
12:00	12:40	14:00	14:40
13:00	13:40	15:00	15:40
14:00	14:40	16:00	16:40
15:00	15:40	17:00	17:40
16:00	16:40	18:00	18:40
17:00	17:40	19:00	19:40
18:00	18:40	20:00	20:40
19:00	19:40	21:00	21:40
20:00	20:40	22:00	22:40
21:00	21:40	23:00	23:40

* Расписание движения электропоездов уточняйте в справочных МПС.

4.5   Задание. а) Слушайте и читайте.

стоя́нка такси

В такси́.

- Куда́ е́хать?
- В гости́ницу «Национа́ль». Это далеко́?
- В це́нтре го́рода.
- А ско́лько е́хать?
- Мину́т 45.

- Вот мы и прие́хали.
- **Ско́лько с меня́**?
- **С вас** 300 рубле́й.
- Пожа́луйста.
- Спаси́бо. До свида́ния.

Ско́лько с меня́?
С вас ... рубле́й.

б) Давайте поговорим. Разгово́р с такси́стом.

4.6   Задание. Давайте поговорим.

Что вам бо́льше нра́вится: лета́ть на самолёте и́ли е́здить на по́езде?
Вы ча́сто лета́ете на самолёте? Куда́?
Что вы должны́ показа́ть пограни́чнику на па́спортном контро́ле?
Что вы должны́ показа́ть на тамо́жне?

 4.7   Задание. а) Слушайте и читайте.

Встре́ча.

Одна́жды ве́чером мне позвони́л мой ста́рый друг, кото́рого я давно́ не
ви́дела. Пра́вда, я мно́го о нём слы́шала и чита́ла в газе́тах. Мы с ним учи́лись
на одно́м факульте́те, **археологи́ческом**. По́сле оконча́ния университе́та он
до́лго рабо́тал в Лати́нской Аме́рике и стал изве́стным учёным-археоло́гом.

Его́ фами́лия – Эрна́ндес, а и́мя - Франси́ско. Во вре́мя на́шей учёбы мы
все зва́ли его́ про́сто Па́ко, а тепе́рь он сеньо́р Эрна́ндес. По телефо́ну он
сказа́л, что прилети́т в Москву́ на конгре́сс по археоло́гии и хо́чет обяза́тельно
уви́деться со мной. Мы договори́лись, что я встре́чу его́ в аэропорту́. Когда́
я е́хала в аэропо́рт, я **боя́лась**, что не узна́ю Па́ко.

И вот я в аэропорту́. Здесь, как всегда́, мно́го люде́й: одни́ встреча́ют, други́е провожа́ют. Мно́гие с цвета́ми. Я слы́шу, как одни́ говоря́т: «Счастли́вого пути́!», а други́е: «С прие́здом!». Я **внима́тельно** смотре́ла на мужчи́н, кото́рые прилете́ли э́тим ре́йсом, но моего́ дру́га всё не́ было. А вдруг он то́же не узна́ет меня́?! Ведь прошло́ сто́лько лет.

И тут я уви́дела высо́кого мужчи́ну в све́тлом костю́ме и **сра́зу** узна́ла в нём своего́ ста́рого дру́га. Мы пое́хали в гости́ницу. В такси́ Франси́ско спра́шивал о мое́й **жи́зни** и друзья́х, а я - о его́ семье́ и рабо́те.

Конгре́сс начина́лся на сле́дующий день, поэ́тому мы договори́лись **встре́титься** с ним по́сле оконча́ния конгре́сса и пообе́дать вме́сте. В э́тот день по́сле обе́да я пое́хала провожа́ть Франси́ско в аэропо́рт. Мы попроща́лись, и он сказа́л мне, что был рад уви́деться со мной.

 б) Пишите. Как мо́жно сказа́ть по-друго́му?

Образе́ц: Одна́жды ве́чером мне позвони́л мой ста́рый друг. *Я давно́ его́ не ви́дела.*
Одна́жды ве́чером мне позвони́л мой ста́рый друг, *кото́рого я давно́ не ви́дела.*

1. *Когда́ Франси́ско ко́нчил университе́т,* он до́лго рабо́тал в Лати́нской Аме́рике.

_____

2. *Когда́ мы учи́лись в университе́те,* мы все зва́ли его́ про́сто Па́ко.

_____

3. Одни́ *проща́ются,* а други́е…

_____

4. *Как бы́стро лети́т вре́мя!*

_____

5. Франси́ско *хоте́л знать, как я живу́, как моя́ рабо́та, как на́ши друзья́.*

_____

6. Мы договори́лись встре́титься с ним, *когда́ ко́нчится конгре́сс.*

_____

7. *Когда́ мы пообе́дали,* я пое́хала провожа́ть Франси́ско в аэропо́рт.

_____

8. *Мы сказа́ли друг дру́гу: «До свида́ния! До встре́чи!».*

_____

в) Давайте поговорим. Составьте диалоги.

1. Франси́ско звони́т свое́й подру́ге и говори́т, когда́ он прилета́ет.
2. Встре́ча друзе́й в аэропорту́.

4.8 Задание. а) Слушайте песню.

Не спеши.

муз. **А. Бабаджаняна**
слова́ **Е. Евтушенко**

Ты спеши́, ты спеши́ ко мне,
_____ я вдали́,
Éсли тру́дно мне,
Éсли я сло́вно в стра́шном сне,
Éсли тень беды́ в _____ окне́.

Ты спеши́, _____ оби́дит друг.
Ты спеши́, когда́ мне _____ друг.
Ты спеши́, когда́ грущу́ в тиши́.
Ты спеши́, ты спеши́.

Не спеши́, не спеши́, прошу́.
Éсли я с _____ и тобо́й дышу́.
Ска́жут «да» ли́стья и вода́,
Звёзды и огни́, и _____ .

Не спеши́, когда́ _____ в глаза́.
Не спеши́, когда́ спеши́ть _____ .
_____ ночь, замри́ и не дыши́.
Не спеши́, не спеши́.

б) Найдите императив:

спеши́ть –
слу́шать –

в) Звезда́ – звёзды

ого́нь -
лист –
по́езд –
глаз –

Новые слова:

археологи́ческий (-ая, -ое, -ие)	arqueológico
бага́ж	equipaje
биле́т	billete, pasaje, entrada
бланк	impreso
боя́ться *нсв*	tener miedo
верну́ться *св*	volver, regresar
внима́тельно	con atención, atentamente
возвраща́ться *нсв*	volver, regresar
встре́титься (встре́чусь, встре́тишься, ...-ятся) *св*	encontrarse, tener cita con alguien
встреча́ть *нсв*	recibir (a alguien en el aeropuerto...)
деклара́ция	declaración (de aduana)
жизнь *ж.р.*	vida
запо́лнить *св*	rellenar (documento)
заполня́ть *нсв*	rellenar (documento)
ка́сса	taquilla
командиро́вка	viaje de trabajo, comisión de servicio
лета́ть *нсв*	volar, ir en avión
лете́ть (лечу́, лети́шь, ...-я́т) *нсв*	volar, ir en avión
междунаро́дный	internacional
нева́жно	bastante mal
никто́	nadie, ninguno
никуда́	a ninguna parte
одна́жды	un día, una vez
открыва́ть *нсв*	abrir, inaugurar
пассажи́р	pasajero
прилета́ть *нсв*	llegar en avión
прилете́ть *св*	llegar en avión
провожа́ть *нсв*	acompañar
ребя́та *мн.ч.*	chicos, muchachos, chavales
рейс	vuelo
самолёт	avión
сно́ва	de nuevo
спра́вочная	oficina de información
сра́зу	en seguida
стоя́нка	parada de taxi
стюарде́сса	azafata
тамо́жня	aduana
то́лько что	ahora mismo, hace un momento
тяжёлый	pesado

увидеться (увижусь, увидишься, ...-ятся) *св*	verse
узнавать (узнаю, -ёшь, ...-ют) *нсв*	reconocer a alguien, informarse
узнать *св*	enterarse, informarse
центр	centro

Географические названия:

Брази́лия	Brasil
Брюссе́ль	Bruselas
Варша́ва	Varsovia
Венесуэ́ла	Venezuela
Голла́ндия	Holanda
Гре́ция	Grecia
Жене́ва	Ginebra
Лиссабо́н	Lisboa
Севи́лья	Sevilla
Уругва́й	Uruguay
Шве́ция	Suecia

Вы уже знаете, как...

...desear buen viaje:	Счастли́вого пути́!
...sacar billetes o entradas para una fecha u hora determinadas:	Да́йте, пожа́луйста, биле́т на 17-ое апре́ля.
...preguntar de dónde llega una persona y contestar:	- Отку́да прилете́ла Га́ля? - Из Пари́жа.
...dar la bienvenida:	С прие́здом! Добро́ пожа́ловать!
...preguntar cómo ha ido el viaje:	Как дое́хали? Как долете́ли?
...comentar qué rápido transcurre el tiempo:	Как бы́стро лети́т вре́мя!
...preguntar cómo se va a algún lugar:	Как дое́хать до це́нтра?
...preguntar cuánto debe pagar:	Ско́лько с меня́?

Грамматика.

- Вини́тельный паде́ж одушевлённых и неодушевлённых существи́тельных, притяжа́тельных и указа́тельных местоиме́ний и прилага́тельных во мно́жественном числе́. (El caso acusativo de los sustantivos animados e inanimados, adjetivos y adjetivos posesivos y demostrativos en plural.)

Вини́тельный паде́ж		
	кого́?	
Анастаси́я встре́тила	э́тих мои́х твои́х на́ших ва́ших молоды́х хоро́ших	студе́нт**ов**. учител**е́й**. подру́г. студе́нт**ок**.
	что?	
Анастаси́я прочита́ла	но́вые	журна́лы. газе́ты. пи́сьма.

- Глаго́лы движе́ния. (Verbos de movimiento.)

	куда́?
ИДТИ́ **Е́ХАТЬ** **ЛЕТЕ́ТЬ**	Сейча́с Са́ша идёт в магази́н.

	куда́?
ХОДИ́ТЬ **Е́ЗДИТЬ** **ЛЕТА́ТЬ**	Са́ша хо́дит ка́ждый день на рабо́ту.

	куда́?			**где?**
ХОДИ́ТЬ **Е́ЗДИТЬ** **ЛЕТА́ТЬ**	Вчера́ Са́ша ходи́л в магази́н.	**=**	**БЫТЬ**	Вчера́ Са́ша был в магази́не.

У ВАС ЕСТЬ СВОБОДНЫЕ НОМЕРА?

1 **Где останови́ться?**

1.1 Зада́ние. Слушайте и читайте.

- Лю́да, зна́ешь, я на пра́здники
  пое́ду в Псков. Я там ещё не была́,
  а ведь э́то о́чень ста́рый ру́сский
  го́род.
- А где ты бу́дешь жить? Ты уже́
  заказа́ла но́мер в гости́нице?
- Я **остановлю́сь** у свое́й подру́ги
  Ле́ны. Она́ давно́ приглаша́ет
  меня́ прие́хать.

зака́зывать - заказа́ть *что?*

я   закажу́
ты   зака́жешь
....
они́ зака́жут

остана́вливаться - останови́ться   *у кого́? где?*

я остановлю́сь, ты остано́вишься....

1.2 Упражне́ние.

- Воло́дя, ты уже́ е́здил в Ки́ев?
- Да, я верну́лся неде́лю наза́д.
- Ты жил у свои́х *ро́дственников*?
- Нет, я остана́вливался *в гости́нице*.
  Я е́здил *в командиро́вку*.

А тепе́рь вы:

друзья́ / общежи́тие / ку́рсы
двою́родный брат / знако́мые / кинофестива́ль

останови́ться / жить
у кого́? где?

у дру́га
у подру́ги
у ро́дственник<u>ов</u>
у друзе́й
у знако́м<u>ых</u>

в гости́нице
в общежи́тии

Роди́тельный падеж *кого́? чего́?*					
мужско́й род		*же́нский род*		*сре́дний род*	
	студе́нт**ов** (студе́нт)	студе́нток	(студе́нтка)	пи́сем	(письмо́)
	плака́т**ов** (плака́т)	книг	(кни́га)	о́кон	(окно́)
нет	отц**о́в** (оте́ц)	тетра́**дей**	(тетра́дь)	мор**е́й**	(мо́ре)
	музе́**ев** (музе́й)	дереве́нь	(дере́вня)	зда́**ний**	(зда́ние)
	учител**е́й** (учи́тель)	фотогра́**фий**	(фотогра́фия)		
				пальто́	(пальто́)
по́сле **ж, ч, ш, щ** всегда́ **-ей**					
плащ - плащ**е́й**					
Запо́мните!	друзе́й	дочере́й	роди́телей	сту́льев	сестёр
	сынове́й	матере́й	дете́й	де́нег	очко́в
	сосе́дей	люде́й	бра́тьев	брюк	пла́тьев

1.3 Задание. Слушайте и читайте.

В гости́нице.

- У вас есть свобо́дные номера́?
- К сожале́нию, свобо́дных номеро́в нет.
- Что же мне де́лать? У меня́ здесь нет ни друзе́й, ни знако́мых.
- Спроси́те в гости́нице **напро́тив**. У них быва́ют свобо́дные номера́.
- Большо́е спаси́бо.

> свобо́д**ных** номеро́в
> нет   мо**и́х** но́в**ых** студе́нток
> э́т**их** ста́р**ых** пи́сем

1.4 Упражнение.

1. На э́той у́лице нет _____*хоро́ших магази́нов*_____ .
   (хоро́шие магази́ны)

2. Э́то пла́тья _____ .
   (мои́ мла́дшие сёстры)

3. В э́том райо́не нет _____ .
   (высо́кие зда́ния)

4. Э́то фотогра́фия _____ .
   (на́ши ста́рые подру́ги)

5. У ма́ленького Са́ши нет _____ .
   (**цветны́е** карандаши́)

6. В Ки́еве Зо́я всегда́ остана́вливается _____ .
   (на́ши знако́мые)

7. В э́том году́ у э́тих студе́нтов не бу́дет _____ .
   (но́вые уче́бники)

8. В Су́здале мы жи́ли _____ .
   (его́ ру́сские друзья́)

9. Ра́ньше в э́том го́роде не́ было _____ .
   (совреме́нные кафе́)

10. Вчера́ ве́чером мы бы́ли в гостя́х _____ .
    (на́ши но́вые сосе́ди)

У ВАС ЕСТЬ СВОБОДНЫЕ НОМЕРА?

| 1.5   Упражнение.

жить
быть   *у кого?*
остана́вливаться

а) - Та́ня, где ты была́ ле́том?
  - Мы е́здили на *Чёрное мо́ре*.
  - А где вы жи́ли?
  - *У двою́родной сестры́*.

А тепе́рь вы:

Мено́рка / на́ши испа́нские друзья́

б) - Вади́м, что ты де́лал вчера́ ве́чером?
  - Я был *у друзе́й*. Мы *слу́шали но́вые ди́ски*.

А тепе́рь вы:

знако́мые / смотре́ть сла́йды о Перу́

в) - На́дя, ты пое́дешь в Ту́лу *на вы́ставку*?
  - Обяза́тельно.
  - А ты зна́ешь, что в гости́ницах уже́ нет свобо́дных номеро́в?
  - А я остановлю́сь *у Же́ни*. Она́ тепе́рь живёт в Ту́ле.

А тепе́рь вы:

я́рмарка / де́душка / он

| 1.6   Зада́ние. Дава́йте поговори́м.

Си́львия о́чень лю́бит **путеше́ствовать.**
Она́ ча́сто е́здит за грани́цу.
Вот её чемода́н. Посмотри́те на него́
и скажи́те, в каки́е стра́ны она́ е́здила.

- А вы бы́ли за грани́цей? Где? Когда́?
- В каки́х стра́нах и города́х вы бы́ли?
- В како́м году́? В како́е вре́мя го́да?
  Кака́я там была́ пого́да?
- На чём вы туда́ е́здили?
  Где остана́вливались?
- С кем вы там бы́ли? Ско́лько вре́мени?
- Что вы там де́лали? Что ви́дели?
  С кем познако́мились?

Roma - Рим

Wien - Ве́на

القاهرة - Каи́р

北京 - Пеки́н

2.1 Задание. а) Слушайте и читайте.

- Здра́вствуйте! У вас есть свобо́дные номера́?
- Есть. Ско́лько вре́мени вы бу́дете жить у нас в гости́нице?
- Неде́лю.
- Прекра́сно. Како́й но́мер вы хоти́те?
- Не о́чень дорого́й.
- На четвёртом этаже́ есть небольшо́й но́мер,
  о́чень **удо́бный**, о́кна **выхо́дят** во двор.
- А ско́лько он сто́ит?
- 50 е́вро в день.
- Хорошо́.
- Тогда́ вам ну́жно запо́лнить вот э́ту **анке́ту**.
- Вот, пожа́луйста.
- Всё пра́вильно. Вот ваш ключ.
  Ваш но́мер на 4-ом этаже́.
- Спаси́бо. А где лифт?
- Лифт спра́ва.
- Спаси́бо.

где?

напро́тив

сле́ва   **спра́ва**

Гостиничный комплекс   Приложение 5 к инструкции
"БУРЯТИЯ"   Форма № 5

А Н К Е Т А

1. Фамилия _____   Комната № _____

2. Имя _____   Прибыл _____

3. Отчество _____   Выбыл _____

4. Дата рождения "___" _____ 19___ г.
5. Место рождения: республика, край, область, округ _____
   район _____
   город, село, деревня _____
6. Документ, удостоверяющий личность: вид _____
   серия _____ № _____ выдан "___" _____ 19___ г.
   кем: _____
7. Адрес места жительства _____

С правилами проживания в гостинице и пожарной безопасности ознакомлен: _____

Зарегистрирован "_____" _____ 200___ г. _____

б) Давайте поговорим. Составьте диалог.

Вам ну́жен но́мер в гости́нице.

2.2 Упражнение. Слушайте и читайте.

В хо́лле гости́ницы.

- Да́йте мне, пожа́луйста, ключ. У меня́ *401-ый* но́мер.
- Пожа́луйста.
- Извини́те, а где мо́жно **поменя́ть** де́ньги?
- *В ба́нке. **Обме́н валю́ты** сле́ва от вхо́да.*
- Спаси́бо.

А тепе́рь вы:

307 / купи́ть **план** го́рода
608 / вы́пить ко́фе
209 / поу́жинать
514 / купи́ть пода́рки

напро́тив	
о́коло	
спра́ва от	*чего́?*
сле́ва от	

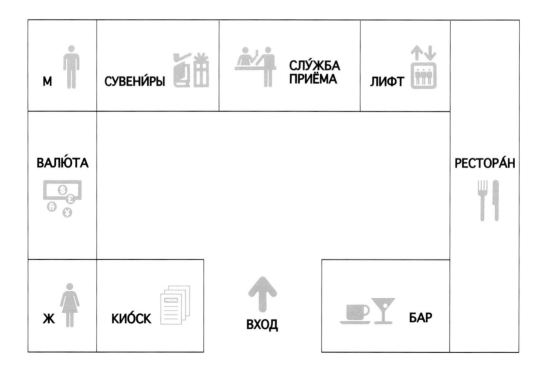

2.3 Упражнение. Слушайте и читайте.

В ба́нке.

- Скажи́те, пожа́луйста, како́й сейча́с *курс е́вро*?
- 36 рубле́й за е́вро.
- Поменя́йте мне 100 е́вро.
- Ваш па́спорт.
- Пожа́луйста.
- Так. Вот вам 3600 рубле́й.
- Спаси́бо.

А тепе́рь вы:

Курсы валют ЦБ РФ на 2004-02-28

Букв.код	Единиц	Валюта	Курс
AUD	1	Австралийский доллар	21.988
GBR	1	Английский фунт стерлингов	53.079
BYR	1000	Белорусский рубль	13.233
DKK	10	Датская крона	47.628
USD	1	Доллар США	28.516
EUR	1	Евро	35.508
ISK	100	Исланская крона	40.871
CAD	1	Канадский доллар	21.211
NOK	10	Норвежская крона	40.498
TRL	1000000	Турецкая лира	21.456
UAN	10	Украинская гривна	52.939
SEK	10	Шведская крона	38.486
CHF	1	Швейцарский франк	22.519
JPY	100	Японская иена	26.132

2.4 Упражнение.

- Извини́те, я хочу́ заказа́ть *такси́*.
- На како́й день?
- *На сего́дня на 2 часа́ дня.*
- Хорошо́, *такси́* бу́дет *в 13.50.*

А тепе́рь вы:

билéт на самолёт / суббо́та,10, час, ве́чер / билéт, 6, час
экску́рсия в Кремль / за́втра, 9, час, у́тро / гид, 8.45

куда?	*где?*
положи́ть *св*	**лежа́ть**
я положу́ ты поло́жишь .... они́ поло́жат *имп.* положи́, -те	
 Он положи́л кни́ги на стол.	 Кни́ги лежа́т на столе́.
поста́вить *св*	**стоя́ть**
я поста́влю ты поста́вишь .... они́ поста́вят *имп.* поста́вь, -те	
 Он поста́вил чемода́н о́коло две́ри.	 Чемода́н стои́т о́коло две́ри.
пове́сить *св*	**висе́ть**
я пове́шу ты пове́сишь ..... они́ пове́сят *имп.* пове́сь, -те	
  Он пове́сил пальто́ на ве́шалку.	 Пальто́ виси́т на **ве́шалке**.

2.5   Задание. а) Слушайте и читайте.

В интерне́т-кафе́.

Дорога́я ма́ма!
Я уже́ в Грана́де. Долете́ла о́чень хорошо́. Останови́лась
в гости́нице "Тури́ст". Гости́ница мне понра́вилась: не
о́чень больша́я, но совреме́нная. Пра́вда, нахо́дится она́
далеко́ от це́нтра, но мне сказа́ли, что о́коло гости́ницы
есть остано́вка авто́буса.

Мой но́мер небольшо́й, но удо́бный. В но́мере стои́т больша́я крова́ть. О́коло
крова́ти стои́т ма́ленький сто́лик, на нём ла́мпа. Телеви́зор напро́тив крова́ти.
В но́мере есть, коне́чно, шкаф. Я уже́ **пове́сила** туда́ всю свою́ оде́жду. На
сто́лик я **положи́ла** ру́сско-испа́нский слова́рь и план го́рода, а чемода́н я

поста́вила о́коло две́ри. В ко́мнате есть друго́й стол, большо́й. На нём стои́т **ва́за** с цвета́ми и лежи́т **чи́стая** бума́га и ру́чка. Но кто в на́ше вре́мя пи́шет пи́сьма? На сте́нах вися́т фотогра́фии и небольша́я **карти́на**. Туале́т и ва́нная ма́ленькие, но о́чень чи́стые. О́кна выхо́дят во двор, а во дворе́ расту́т **дере́вья**, цветы́. О́чень краси́во.
Так что всё в поря́дке. Не беспоко́йся. Я позвоню́ тебе́ че́рез два́ дня.

Целу́ю. Светла́на.

б) Пишите.

- Где тепе́рь чемода́н? - Где пальто́ и брю́ки? - Где слова́рь и план го́рода?
- *Стои́т о́коло две́ри.* ______ ______

в) Пишите.

Образец: Доехала прекра́сно. *Долете́ла о́чень хорошо́.*

1. Живу́ в гости́нице "Тури́ст". ______
2. ...совсе́м недалеко́ от гости́ницы есть... ______
3. ...есть ещё оди́н стол ______
4. ...ма́ленькая карти́на ______
5. Всё хорошо́. ______

2.6 Упражнение.

положи́, вися́т, лежа́т, стои́т, пове́сь, поста́вила, положи́л

1. - Что мне де́лать с кни́гами? - *Положи́* вон на тот ма́ленький сто́лик.
2. - Ты не ви́дела мои́ очки́? - ______ на пи́сьменном столе́.
3. Ма́ша ______ ва́зу с цвета́ми на стол.
4. - Где мой портфе́ль? - ______ на полу́ о́коло стола́.
5. Ви́тя ______ своё пальто́ на дива́н, но ма́ма сказа́ла: " ______ пальто́ в шкаф".
6. В большо́м шкафу́ ______ пла́тья, брю́ки, ю́бки, блу́зки.

2.7 Задание. Слушайте. Ве́рно и́ли неве́рно?

1. О́льга Па́вловна прие́хала в Омск по дела́м.   в / н
2. Она́ останови́лась в гости́нице недалеко́ от це́нтра.   в / н
3. Гости́ница была́ удо́бная.   в / н
4. Её но́мер был на 3-ем этаже́ сле́ва от ли́фта.   в / н
5. За́втракала она́ в буфе́те гости́ницы.   в / н
6. О́льга Па́вловна не могла́ ча́сто гуля́ть в лесу́.   в / н
7. Из гости́ницы на заво́д она́ шла пешко́м.   в / н
8. В командиро́вке О́льга Па́вловна была́ ле́том.   в / н
9. В О́мске О́льга Па́вловна была́ бо́льше неде́ли.   в / н
10. Она́ верну́лась в Москву́ на по́езде, потому́ что не́ было   в / н
    биле́тов на самолёт.

ВХОДИ́ТЬ	→		**ВОЙТИ́** *куда́?*
я	вхожу́		я	войду́
ты	вхо́дишь		ты	войдёшь
он	_____		он	_____
мы	_____		мы	_____
вы	_____		вы	_____
они́	вхо́дят		они́	войду́т

прош.вр. вошёл, вошла́, вошли́
имп. войди́, -те

Учи́тель **вошёл** в класс,
и уро́к на́чался.

ВЫХОДИ́ТЬ	→		**ВЫ́ЙТИ** *отку́да?*
я	выхожу́		я	вы́йду
ты	выхо́дишь		ты	вы́йдешь
он	_____		он	_____
мы	_____		мы	_____
вы	_____		вы	_____
они́	выхо́дят		они́	вы́йдут

прош.вр. вы́шел, вы́шла, вы́шли
имп. вы́йди, -те

Когда́ уро́к ко́нчился,
учи́тель **вы́шел** из кла́сса.

2.8 Упражнение. Что с чем?

1. Мой дéдушка лю́бит   а) пóздно пришёл из шкóлы.
2. Лéтом мы обязáтельно   б) вы́шел из кóмнаты.
3. Моя́ сестрá чáсто   в) поéдем в Россию.
4. Сегóдня мой брат   г) пошёл в бассéйн.
5. Сергéй откры́л дверь, и мы   д) éздит в дерéвню.
6. А́лле Сергéевне не нрáвится   е) приéхали мои рóдственники.
7. Пóсле обéда Виктóрия   ж)поэ́тому онá рáно выхóдит из дóма.
8. Я всегдá рáно   з) пойдёт в библиотéку.
9. И́горь сдéлал урóки и   и) вошли́ в квартиру.
10. Антóн со всéми попрощáлся и к) ходить пешкóм.
11. Позавчерá из Ку́рска   л) прихожу́ на рабóту.
12. Зи́на живёт далекó от шкóлы, м)летáть на самолёте.

1 - к ; 2 -   ; 3 -   ; 4 -   ; 5 -   ; 6 -   ;
7 -   ; 8 -   ; 9 -   ; 10 -   ; 11 -   ; 12 -   .

2.9 Задание. Давайте повторим. Найдите 20 слов.

Т	З	В	Л	Е	Т	Е	Т	Ь	Г	Д	Ю
А	А	Д	Ч	Я	Э	А	Н	К	Е	Т	А
М	К	Х	И	Й	Ы	С	Л	Е	В	А	Ф
О	А	О	С	О	Б	М	Е	Н	Щ	Э	В
Ж	З	К	Т	Ш	У	М	В	Е	В	Р	О
Н	А	О	Ы	Ц	В	Е	Т	Ы	Ч	Ю	Й
Я	Т	Л	Й	П	О	В	Е	С	Ь	М	Т
Б	Ь	О	В	Б	Л	А	Н	К	С	Ю	И
К	О	М	А	Н	Д	И	Р	О	В	К	А
И	С	П	О	С	Т	А	В	И	Т	Ь	П
Ф	П	О	М	Е	Н	Я	Т	Ь	В	Е	К
В	Х	О	Д	Н	А	П	Р	О	Т	И	В

2.10 Задание. а) Слушайте и читайте.

Óтпуск в Росси́и.

Рау́ль расска́зывает:

Мой друг Влади́мир, с кото́рым я учи́лся в университе́те, **приезжа́л** неда́вно в Барсело́ну по дела́м. Мы встре́тились с ним в после́дний день его́ командиро́вки. В тот день мы договори́лись, что я со свое́й семьёй прие́ду в о́тпуск в Москву́.

Дóма мы дóлго ду́мали, когда́ лу́чше пое́хать, зимо́й и́ли ле́том. Реши́ли пое́хать ле́том: так нам не на́до бу́дет покупа́ть тёплую оде́жду.

Я взял óтпуск в ию́ле, и мы пое́хали в Росси́ю. В Москве́ мы останови́лись у моего́ дру́га. У него́ больша́я кварти́ра в це́нтре го́рода.

Гали́на, жена́ Влади́мира, рабо́тает **экскурсово́дом**. Она́ хоте́ла, что́бы мы посмотре́ли всё. Она́ говори́ла нам, куда́ пойти́, что посмотре́ть. Я то́же непло́хо зна́ю Москву́: ведь я учи́лся там 5 лет. Мы гуля́ли по го́роду, бы́ли в музе́ях, на вы́ставках, ходи́ли в теа́тры и на конце́рты.

Но мы хоте́ли посмотре́ть и други́е места́ и поэ́тому реши́ли пое́хать в Петербу́рг: мой сын и моя́ жена́ **никогда́** там не́ были. В Петербу́рге у нас нет ни друзе́й, ни знако́мых, поэ́тому мы должны́ бы́ли останови́ться в гости́нице. На́ши друзья́ заказа́ли нам но́мер в гости́нице «Пу́лковская».

В Петербу́рг мы пое́хали в четве́рг на **ночно́м** по́езде и прие́хали туда́ ра́но у́тром в пя́тницу. До гости́ницы мы дое́хали на такси́. Наш но́мер был не о́чень большо́й. У стены́ стоя́ла больша́я крова́ть, спра́ва от крова́ти стоя́ло кре́сло. В но́мере был дива́н, о́коло окна́ стоя́л стол, а на ма́леньком сто́лике, о́коло крова́ти, был телефо́н. Телеви́зора в но́мере не́ было. На полу́ лежа́л ковёр, на стене́ висе́ла карти́на. В но́мере был душ и туале́т.

Когда́ мы вошли́ в но́мер, моя́ жена́ посмотре́ла на меня́ и сказа́ла: "По-мо́ему, э́тот но́мер о́чень ма́ленький". "**Ничего́**, -отве́тил я.- Здесь мы бу́дем то́лько спать". Мы откры́ли чемода́н и пове́сили оде́жду в шкаф, пото́м пошли́ в бар вы́пить ко́фе. Там нам **объясни́ли**, как дое́хать до це́нтра. Мы вы́шли из гости́ницы и пое́хали на тролле́йбусе в центр го́рода.

В Петербу́рге мы е́здили на экску́рсии, бы́ли за́ городом. Мое́й жене́ и моему́ сы́ну о́чень понра́вился Петербу́рг.

В Москву́ мы верну́лись в суббо́ту ве́чером. На сле́дующий день мы должны́ бы́ли лете́ть в Барсело́ну. Вот и ко́нчился наш о́тпуск в Росси́и.

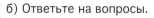

б) Ответьте на вопросы.

1. **Зачём** Владимир приезжал в Барселону?
2. О чём договорились Рауль и Владимир?
3. Почему Рауль и его семья решили поехать в Москву летом?
4. Как они проводили время в Москве?
5. Где они жили в Петербурге?
6. Какой у них был номер в гостинице?
7. Что сказала жена Рауля, когда они вошли в номер?
8. Какая **мебель** была у них в номере?
9. Где им объяснили, как доехать до центра?
10. Что они сделали, когда они выпили кофе?
11. Когда они вернулись в Москву?

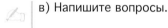

в) Напишите вопросы.

1. - *Как зовут друга Рауля*   ?
   - *Владимир.*

2. - _____ ?
   - В последний день командировки.

3. - _____ ?
   - Дома мы долго думали, когда поехать в Москву.

4. - _____ ?
   - В июле.

5. - _____ ?
   - Экскурсоводом.

6. - _____ ?
   - У моего друга.

7. - _____ ?
   - На поезде.

8. - _____ ?
   - В Петербурге мы ездили на экскурсии, были за городом.

2.11   Задание. а) Слушайте песню.

А всё конча́ется.

В. Канер.

   Припе́в:

А всё конча́ется, конча́ется, конча́ется,

Едва́ кача́ются перро́н и фонари́.

Глаза́ _____ , надо́лго изуча́ются -

И так всё я́сно - слов ____ _____ !

А голова́ _____ полна́ бессо́нницей,

Полна́ трево́ги голова́ _____ .

И как расти́ ____ _____ де́рево без со́лнца,

Так не могу́ я быть без вас, _____ !

_____ вам - не подве́ли, не дро́гнули,

И _____ был откры́т таки́м, как был…

Ах, дни коро́ткие за се́рдце тро́нули -

_____ вам, проща́йте до Кури́л.

   Припе́в.

б) Найдите антонимы:

начина́ется -

здоро́ваются -

ничего́ -

в) глаза́ - глаз

слова́ -

друзья́ -

дни –

Новые слова:

анке́та	impreso, cuestionario
ва́за	jarrón, florero
валю́та	divisa
ве́шалка	perchero, percha
висе́ть *нсв*	estar colgado, pender
войти́ (войду́, -ёшь, …-у́т) *св*	entrar
вход	entrada
входи́ть (вхожу́, вхо́дишь, …-ят) *нсв*	entrar
вы́йти (вы́йду, -ешь, …-ут) *св*	salir
выходи́ть (выхожу́, выхо́дишь, …-ят) *нсв*	salir
де́рево (дере́вья *мн.ч*)	árbol
заказа́ть (закажу́, -ешь, …-ут) *св*	encargar, reservar
зака́зывать *нсв*	encargar, reservar
зачём	¿para qué?
карти́на	cuadro
лежа́ть (лежу́, лежи́шь, …-а́т) *нсв*	estar en posición horizontal
ме́бель *ж.р., ед.ч.*	muebles
меня́ть *нсв*	cambiar
напро́тив (от)	enfrente (de)
никогда́	nunca
ничего́	no tiene importancia
ночно́й	nocturno
обме́н	cambio
объясни́ть *св*	explicar
о́коло	al lado de
остана́вливаться *нсв*	hospedarse, alojarse
останови́ться (остановлю́сь, остано́вишься, …-ятся) *св*	hospedarse, alojarse
план	plano
пове́сить (пове́шу, пове́сишь, …-ят) *св*	colgar
положи́ть *св*	colocar, poner (horizontalmente)
поменя́ть *св*	cambiar
поста́вить (поста́влю, поста́вишь, …-ят) *св*	colocar (verticalmente)
поцелова́ть (поцелу́ю, -ешь, …-ют) *св*	besar
приезжа́ть *нсв*	llegar, venir (en un vehículo)
путеше́ствовать *нсв*	viajar
сле́ва (от)	a la izquierda (de)
слу́жба приёма	recepción
спра́ва (от)	a la derecha (de)

стоя́ть (стою́, стои́шь, ...-я́т) *нсв*	estar en posición vertical
удо́бный	cómodo, confortable
холл	hall
цветно́й	de color
целова́ть (целу́ю, -ешь, ...-ют) *нсв*	besar
чи́стый	limpio
экскурсово́д	guía

Географи́ческие назва́ния

Ве́на	Viena
Каи́р	Cairo
Пеки́н	Pekin
Рим	Roma

Вы уже знаете, как...

...informar sobre la estancia en casa de alguien:

> Вчера́ ве́чером я был **у свои́х друзе́й**.

...informar sobre la ubicación en el espacio:

> - Ваш но́мер **сле́ва от** ли́фта.

...expresar el movimiento para dar al objeto una posición determinada:

> Ка́тя **поста́вила** чемода́н о́коло две́ри,
> кни́ги **положи́ла** на стол,
> а костю́м **пове́сила** в шкаф.

...hablar del movimiento hacia el interior:

> Учи́тель **вошёл** в класс, и уро́к на́чался.

...hablar del movimiento desde el interior:

> Ле́кция ко́нчилась, и мы **вы́шли** из аудито́рии.

...dirigirse a una persona en una carta
y despedirse:

> **Дорога́я** ма́ма! **Дорого́й** Васи́лий!
> **Целу́ю**. Воло́дя.

Грамматика

- Роди́тельный паде́ж существи́тельных, прилага́тельных и притяжа́тельных и указа́тельных местоиме́ний во мно́жественном числе́. (El caso genitivo de los sustantivos, adjetivos y adjetivos posesivos y demostrativos en plural.)

<table>
<tr><th colspan="4">Роди́тельный паде́ж кого? чего?</th></tr>
<tr><td></td><td>мужско́й род</td><td>же́нский род</td><td>сре́дний род</td></tr>
<tr><td rowspan="4">нет</td><td>но́вых студе́нтов</td><td>но́вых студе́нток</td><td>ста́рых пи́сем</td></tr>
<tr><td>хоро́ших музе́ев</td><td>ру́сских книг</td><td>чи́стых море́й</td></tr>
<tr><td>молоды́х учителе́й</td><td>хоро́ших тетра́дей</td><td>больши́х зда́ний</td></tr>
<tr><td>цветны́х карандаше́й</td><td>интере́сных фотогра́фий</td><td>но́вых пальто́</td></tr>
</table>

- Глаго́лы движе́ния с приста́вками **в-** и **вы-**. (Verbos de movimiento con prefijos **в-** у **вы-**.)

ВХОДИ́ТЬ - ВОЙТИ́
ВЫХОДИ́ТЬ - ВЫ́ЙТИ

- Глаго́лы, обознача́ющие движе́ние (де́йствие), что́бы прида́ть объе́кту определённое положе́ние. (Los verbos que determinan un movimiento para dar al objeto una posición determinada.)

ПОСТА́ВИТЬ
ПОЛОЖИ́ТЬ
ПОВЕ́СИТЬ

- Глаго́лы, обознача́ющие состоя́ние объе́кта в простра́нстве.
(Los verbos que indican el estado del objeto en el espacio.)

СТОЯ́ТЬ
ЛЕЖА́ТЬ
ВИСЕ́ТЬ

МОЙ РОДНОЙ ГОРОД

1 | Где нахо́дится..?

1.1 Задание. Слушайте и читайте.

- Ху́сто, ты, наве́рное, уже́ хорошо́ зна́ешь Петербу́рг?
- Непло́хо, я ведь здесь живу́ два го́да. Тепе́рь хочу́ посмотре́ть други́е города́ Росси́и.
- Тогда́ ты пое́дешь с на́ми в Арха́нгельск?
- Не зна́ю, а где **нахо́дится** Арха́нгельск?
- На се́вере Росси́и, на **берегу́** Бе́лого мо́ря. Э́то ста́рый го́род, его́ **основа́ли** в XVI ве́ке.
- Отли́чно. Когда́ е́дем?
- Че́рез неде́лю.

нахо́диться *нсв* где?

на се́вере
на восто́ке
в це́нтре
на берегу́
в гора́х
на о́строве

1.2 Упражнение.

Образец:
- Где вы родили́сь?
- *В Ма́лаге.*
- А где нахо́дится э́тот го́род?
- *На ю́ге Испа́нии на берегу́ Средизе́много мо́ря.*

Толе́до, Тарраго́на, Ви́го, Алика́нте, Ка́дис, Па́льма, Вильба́о...

1.3 Задание. а) Слушайте и читайте.

- Да́ша, ты давно́ живёшь в на́шем го́роде?
- Нет, неда́вно, то́лько полго́да, я здесь учу́сь.
- Ты живёшь в це́нтре го́рода?
- **Ну что ты**! В це́нтре го́рода кварти́ры о́чень дороги́е. Я живу́ на **окра́ине**. А ты?
- А я живу́ за́ городом. Мы неда́вно купи́ли там небольшо́й до́мик.

центр го́рода

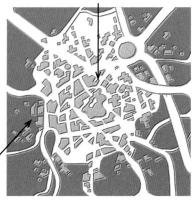

окра́ина

б) А вы где живёте?

1.4 Слушайте. Заполните таблицу.

Кто где живёт?

Имя	в це́нтре го́рода	на окра́ине	недалеко́ от це́нтра	за́ городом
Пётр				
Ка́тя				
Со́ня				
Екатери́на Миха́йловна				
Анато́лий Андре́евич				

1.5 Задание. Слушайте и читайте.

Вы зна́ете, что Да́ша прие́хала учи́ться в наш город и живёт на окра́ине го́рода. Сейча́с в больши́х города́х на окра́ине стро́ят мно́го но́вых совреме́нных **райо́нов**, где кварти́ры не **таки́е** дороги́е, как в це́нтре.

	род.п. мн.ч.	
ма́ло мно́го немно́го ско́лько не́сколько пять, шесть...	высо́ких домо́в ма́леньких у́лиц краси́вых мест	(дом) (у́лица) (ме́сто)

МОЙ РОДНОЙ ГОРОД

1.6   Упражнение.

1. В нашем университете 12 _____ . (факультеты)

2. На этой улице несколько _____ _____ .
(высокие здания)

3. В Санкт-Петербурге 5 000 000 _____ . (**житель**)

4. Сколько _____ работает в вашем университете?
(преподаватели)

5. У меня много _____ _____
и _____ . (двоюродные братья, сёстры)

6. Я живу в центре города, здесь мало _____
_____ и _____ .
(красивые парки, **бульвары**)

1.7   Задание. Давайте поговорим.

Расскажите о своём родном городе.

1. Как называется ваш город?
2. Где он находится?
3. Когда его основали? (в каком году? в каком веке?)
4. Сколько жителей в вашем городе?
5. Вы живёте в центре города, на окраине или за городом?
6. Где находятся новые районы города?
7. Сколько университетов в вашем городе?
8. Где находится ваш университет или ваша работа?
9. Как вы едете на работу, в университет или в школу и сколько времени?
10. В вашем городе много парков и бульваров?

Какой самый красивый город? | 2

В Москве́ ста́рые ста́нции метро́ **краси́вее** но́вых.
В Москве́ ста́рые ста́нции метро́ **краси́вее**, чем но́вые.

Пётр Макси́мович идёт **ме́дленнее** свое́й вну́чки.
Пётр Макси́мович идёт **ме́дленнее**, чем его́ вну́чка.

В Москве́ **холодне́е**, чем в Ло́ндоне.

Москва -20°с   Лондон -3°с

- ЕЕ		
ста́рый - стар**е́е**		ме́дленно - ме́дленн**ее**

Запо́мните: **-Е**

большо́й мно́го	бо́льше	широ́кий - ши́ре ста́рший - ста́рше мла́дший - мла́дше	бли́зко - бли́же далеко́ - да́льше ти́хо - ти́ше
хоро́ший хорошо́	лу́чше	молодо́й - моло́же высо́кий - вы́ше	гро́мко - гро́мче легко́ - ле́гче
плохо́й пло́хо	ху́же	дорого́й - доро́же дешёвый - дешёвле	ча́сто - ча́ще жа́рко - жа́рче

МОЙ РОДНОЙ ГОРОД

2.1 Упражнение.

1.

Иван   Максим

2.

2500   2000

3.

+30°с   +20°с

4.

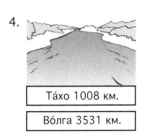

Та́хо 1008 км.

Во́лга 3531 км.

5.

1. Макси́м _____ Ива́на.

2. Чёрное пла́тье _____ бе́лого пла́тья.

3. Ле́том в Севи́лье всегда́ _____ , чем в Пари́же.

4. Река́ Во́лга _____ Та́хо.

5. И мой оте́ц, и мой де́душка ку́рят, но оте́ц ку́рит _____ де́душки.

2.2 Упражнение. Старше или младше?

Образец:
- У тебя́ есть *брат*?
- Да, есть.
- А он ста́рше тебя́?
- Нет, он мла́дше меня́ на 2 го́да.

<u>А теперь вы:</u>

сестра́, двою́родный брат...

Макси́м ста́рше
Никола́я **на 5 лет**.

2.3   Задание. Давайте поговорим. **Как по-ва́шему?**

1. Что трудне́е: расска́зывать и́ли чита́ть текст по-ру́сски?
2. Како́й язы́к ле́гче учи́ть: ру́сский и́ли францу́зский?
3. Что интере́снее: прочита́ть кни́гу и́ли посмотре́ть фильм по э́той кни́ге?
4. Где лу́чше жить: в го́роде и́ли дере́вне?
5. Где дешёвле фру́кты: на ры́нке и́ли в магази́не?
6. Что доро́же: биле́т на по́езд и́ли биле́т на самолёт?
7. Где жа́рче ле́том: на ю́ге Испа́нии и́ли на се́вере?
8. Где лу́чше отдыха́ть: на мо́ре, в лесу́ и́ли в гора́х?

2.4   Задание. Давайте поговорим. Сра́вните со свои́м родны́м го́родом.
                                (Compare con su ciudad natal)

   бо́льше, ши́ре, длинне́е, холодне́е, ча́ще, ме́ньше, вы́ше, ни́же (**ни́зкий**),
   у́же (**у́зкий**), чи́ще (**чи́стый**), грязне́е (**гря́зный**), жа́рче, тепле́е

Образец:
- Ты была́ *в Москве́*?
- Да. Полго́да наза́д.
- **Ну и как**?
- Москва́ *бо́льше* Барсело́ны, пло́щади и у́лицы *ши́ре и длинне́е*.
  Но о́сенью в Москве́ *холодне́е*, чем в Барсело́не. И *ча́ще* иду́т дожди́.

<u>А теперь вы:</u>   Нью-Йорк, Ло́ндон, Хихо́н, Э́льче ...

2.5   Упражнение. Что с чем?

Ру́сские посло́вицы

Ста́рый друг	а до́ма лу́чше.
Ти́ше е́дешь -	а две лу́чше!
Лу́чше по́здно,	лу́чше но́вых двух.
Одна́ **голова́** хорошо́,	да́льше бу́дешь!
В гостя́х хорошо́,	чем никогда́.

Гренла́ндия - са́мый большо́й о́стров в ми́ре. (2.176.00 кв. км.)
Нил - са́мая дли́нная ре́ка в ми́ре. (6.671 км.)
Байка́л - са́мое **глубо́кое** о́зеро в ми́ре. (1620 м.)

са́мый	краси́вый	райо́н
са́мая	дли́нная	река́
са́мое	высо́кое	зда́ние

2.6 Упражне́ние.

Образе́ц:
- Та́ня, како́й *са́мый большо́й го́род* в Росси́и?
- По-мо́ему, *Москва́*.

А тепе́рь вы: дли́нная река́ / Аму́р, 4416 км.
        ста́рый го́род / Но́вгород
        глубо́кое о́зеро / Байка́л
        большо́й о́стров / Но́вая земля́
        высо́кая гора́ / Эльбру́с, 5642 м. (Кавка́з)

2.7 Зада́ние. Дава́йте поговори́м. Вы хорошо́ зна́ете геогра́фию Испа́нии?
                (*Ка́рта Испа́нии в упр. 1.2*)

- Како́й са́мый большо́й го́род в Испа́нии?
- Како́й са́мый ста́рый го́род?
- Кака́я са́мая дли́нная река́?
- Кака́я са́мая высо́кая гора́?
- Како́й са́мый большо́й о́стров?

2.8 Зада́ние. а) Слу́шайте и чита́йте.

"маршру́тное такси́"

Москва́ – **столи́ца** и са́мый большо́й го́род
Росси́и. Она́ нахо́дится в Европе́йской ча́сти
страны́ на берегу́ Москвы́-реки́. В Москве́ сейча́с
живёт бо́льше десяти́ миллио́нов челове́к.
Москва́ была́ осно́вана в 1147-ом году́. Э́то
ста́рый, но в то же вре́мя и совреме́нный го́род.
    Сюда́ приезжа́ют **деловы́е лю́ди** из всех
городо́в Росси́и и из други́х стран. В Москве́

много фабрик и заводов, открываются новые фирмы. Здесь есть много университетов, институтов, техникумов и библиотек. В университетах и институтах Москвы учатся русские и иностранные студенты.

Каждый год в Москву приезжает много туристов. В центре, в старой Москве, находятся Красная площадь и Кремль. Недалеко от Кремля начинается главная улица столицы, Тверская. Здесь много магазинов, гостиниц, ресторанов и несколько театров.

Москва – это культурный центр страны. Здесь проходят кинофестивали, музыкальные конкурсы, чемпионаты по **разным** видам спорта. Туристы могут **посетить** музеи, театры, концертные залы, стадионы или погулять по улицам и паркам города. Туда можно доехать на метро, на троллейбусе, на автобусе или на трамвае, а, если вы спешите, в Москве по большим проспектам ходит **маршрутное такси**.

На окраине города много новых районов, **почти** во всех этих районах есть метро.

Недалеко от Москвы находятся старинные города России. Туристический **маршрут** по этим городам называется «**Золотое кольцо**». Он начинается и кончается в Москве.

б) Ответьте на вопросы:

1. Где находится Москва?
2. Сколько жителей в Москве?
3. Когда основали Москву?
4. Откуда приезжают деловые люди в Москву?
5. Кто учится в московских университетах и институтах?
6. Где находится Кремль?
7. Как называется главная улица Москвы?
8. Почему говорят, что Москва - культурный центр России?
9. Какие **виды транспорта** есть в столице?
10. Где находятся новые районы Москвы?
11. Что такое «Золотое кольцо»?

в) Давайте поговорим. Расскажите о своём родном городе.

3 | **Как дое́хать до це́нтра?**

 3.1 Зада́ние. Слу́шайте и чита́йте.

- Ка́рмен, хо́чешь пое́хать с на́ми на экску́рсию **по го́роду**?
- С удово́льствием. Я ещё пло́хо зна́ю Москву́. А когда́?
- За́втра. Встреча́емся в хо́лле гости́ницы в 8 часо́в утра́.
- Договори́лись.

ходи́ть		го́роду
гуля́ть		у́лицам
		бульва́ру
	по	магази́нам
е́здить		стране́
		Росси́и

3.2 Упражне́ние.

гуля́ть

Образе́ц: *Молоды́е лю́ди гуля́ют по па́рку*

1. _____ .
   (гуля́ть, пляж)

2. _____ .
   (е́здить, город)

3. _____ .
   (ходи́ть, музей)

4. _____ .
   (е́здить, парк)

5. _____ .
   (гуля́ть, бульвар)

- Где нахо́дится Большо́й теа́тр?

  - В це́нтре го́рода.
  - На Театра́льной пло́щади.
  - О́коло ста́нции метро́.
  - Спра́ва от Де́тского теа́тра.
  - Сле́ва от Ма́лого теа́тра.
  - Недалеко́ от ста́нции метро́.

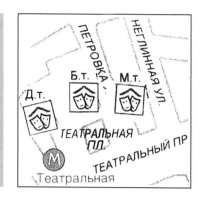

 3.3   Зада́ние. Слу́шайте и чита́йте.

- Извини́те, вы не зна́ете, где нахо́дится Большо́й теа́тр?
- Большо́й теа́тр? На Театра́льной пло́щади. Вам на́до е́хать на авто́бусе и́ли на метро́ до остано́вки «Театра́льная».
- А вы не ска́жете, где нахо́дится остано́вка авто́буса?
- Недалеко́. Иди́те пря́мо до кио́ска. Остано́вка спра́ва от кио́ска.
- Большо́е спаси́бо.

Как дойти́ до ста́нции метро́?	Иди́те **пря́мо / напра́во / нале́во** **Поверни́те** напра́во / нале́во

 3.4   Зада́ние. Слу́шайте и чита́йте.

- Прости́те, как дойти́ до Кра́сной пло́щади?
- Э́то недалеко́. Иди́те пря́мо по э́той у́лице до конца́, а пото́м поверни́те напра́во, там вы уви́дите Кра́сную пло́щадь.
- Спаси́бо.
- Пожа́луйста.

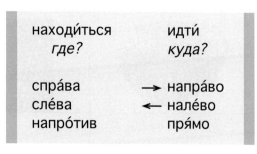

находи́ться *где?*	идти́ *куда?*
спра́ва	→ напра́во
сле́ва	← нале́во
напро́тив	пря́мо

3.5 Задание. Давайте поговорим.

Вы в це́нтре ва́шего го́рода. Ру́сский тури́ст вас спра́шивает, как дойти́ до..?

3.6 Упражнение.

| А | 25 | 97 | 110 |

- Каки́е авто́бусы здесь остана́вливаются?
- Здесь остана́вливается *25-ый авто́бус.*

| Тб | 16 | 49 | 83 |

- А каки́е тролле́йбусы?

| Т | 38 | 74 | 91 |

- А каки́е трамва́и?

3.7 Задание. Слушайте. Како́й авто́бус, тролле́йбус или трамва́й идёт до..?

25-ый авто́бус

3.8 Упражнение.

Образец:
- Извините, пожалуйста,
  я доеду *на 27-ом автобусе*
  до Театральной площади?
- Нет, нужно ехать *на 25-ом.*

- Как доехать до вокзала?

  на 5-ом автобусе
  на 7-ом трамвае
  на 15-ом троллейбусе
  на метро до станции «...»

А теперь вы:

32-ой троллейбус / музей / 105-ый автобус
15-ый трамвай / университет / 94-ый трамвай
51-ый автобус / центр / 67-ой троллейбус

3.9 Задание. Давайте поговорим.

Вы в вашем родном городе. Русский турист вас спрашивает, как доехать до...?

3.10 Задание. Слушайте и читайте.

- Скажите, пожалуйста, как доехать
  до Киевского вокзала?
- Вы должны ехать до станции
  «Парк Культуры» и там **сделать
  пересадку**.
- Спасибо.

3.11 Задание. Слушайте и читайте.

- Простите, вы сейчас выходите?
- А какая сейчас остановка?
- *«Тверская».*
- Нет, не выхожу, а когда будет *Театральная*?
- *Следующая.* **Разрешите пройти**.
- Пожалуйста.

А теперь вы: Охотный ряд / Парк культуры / 2 остановки
Площадь Революции / Киевский вокзал / 2 остановки.

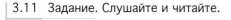

3.12 Задание. Слушайте. (Escuche los siguientes diálogos y diga a qué dibujo corresponden)

А. диало́г № _____   Б. диало́г № _____   В. диало́г № _____   Г. диало́г № _____

3.13 Задание. а) Слушайте и читайте.

Моско́вский тра́нспорт

Когда́ вы гуля́ете по Москве́, вы мо́жете уви́деть большу́ю бу́кву «М». Э́то вход в метро́. Пе́рвая **ли́ния** моско́вского метро́ откры́лась в 1935 году́. Начина́лась она́ на **ста́нции** «Соко́льники» и конча́лась на ста́нции «Парк культу́ры им. Го́рького». Тогда́ в метро́ бы́ло 13 ста́нций. Сейча́с в моско́вском метро́ бо́льше 130 (ста тридцати́) ста́нций, и ка́ждый год стро́ят но́вые. Ка́ждый день ста́нции метро́ открыва́ются в 6 часо́в утра́ и **закрыва́ются** в час но́чи.

Метро́ - са́мый **популя́рный** вид тра́нспорта, но по моско́вским у́лицам хо́дят и авто́бусы, и тролле́йбусы, и трамва́и.

Трамва́й - са́мый ста́рый вид тра́нспорта в Москве́. Пе́рвый трамва́й на́чал ходи́ть 25-го ма́рта 1899 го́да. Моско́вскому трамва́ю уже́ бо́льше 100 (ста) лет. Трамва́й - экологи́чески чи́стый вид тра́нспорта, поэ́тому в больши́х совреме́нных города́х есть трамва́и.

В столи́це ско́ро бу́дет но́вый вид тра́нспорта - моноре́льс.

 б) Напишите вопросы:

1. _____ ?

   В 1935 году́.

2. _____ ?

   13 ста́нций.

3. _____ ?

Бо́льше 130 ста́нций.

4. _____ ?

В час но́чи.

5. _____ ?

Авто́бусы, тролле́йбусы и трамва́и.

6. _____ ?

Трамва́й.

7. _____ ?

25-го ма́рта 1899 го́да.

8. _____ ?

Трамва́й.

в) Дава́йте поговори́м. Каки́е ви́ды тра́нспорта есть в ва́шем го́роде?

3.14 Слушайте песню.

ПЕ́СЕНКА О МОСКО́ВСКОМ МЕТРО́
Слова́ и му́зыка Була́та Окуджа́вы

Мне в моём _____ никогда́ не те́сно,
потому́ что с де́тства оно́ как _____ ,
где вме́сто припе́ва, вме́сто припе́ва:
«Сто́йте _____ , проходи́те _____ !»   ⎱ 2 раза

Поря́док ве́чен, поря́док свят:
те, что _____ - стоя́т, стоя́т,
но те, что иду́т, _____ должны́
держа́ться ле́вой стороны́!   ⎱ 2 раза

Новые слова:

бе́рег	orilla
бли́зко	cerca
бульва́р	paseo (calle)
вид	tipo
гла́вный	principal
глубо́кий (-ая, -ое, -ие)	profundo
голова́	cabeza
гро́мко	alto (hablar)
гря́зный	sucio
деловы́е лю́ди	hombres de negocios
дое́хать (дое́ду, -ешь, ...-ут) *св*	llegar (hasta un lugar en un vehículo)
дойти́ (дойду́, -ёшь, ...-у́т) *св*	llegar (hasta un lugar a pie)
жи́тель	habitante
закрыва́ть(ся) *нсв*	cerrar(se)
закры́ть(ся) (закро́ю, -ешь, ...-ют) *св*	cerrar(se)
золото́й	de oro
кольцо́	anillo
легко́	fácil
ли́ния	línea
маршру́т	ruta, itinerario
маршру́тное такси́	taxi de línea
нале́во	a la izquierda (ir)
напра́во	a la derecha (ir)
находи́ться *нсв*	situarse, encontrarse
не́сколько	unos, algunos, varios, unos cuantos
ни́зкий	bajo
окра́ина	extremo (de una ciudad), periferia
основа́ть *св*	fundar
о́стров	isla
переса́дка	trasbordo (en un viaje)
поверну́ть (поверну́, -ёшь, ...-у́т) *св*	girar
популя́рный	popular
посети́ть (посещу́, посети́шь...) *св*	visitar (lugar)
посеща́ть *нсв*	visitar (lugar)
почти́	casi
пря́мо	recto, directo (ir)

ра́зный	diferente
разреши́ть *св*	permitir
райо́н	distrito, barrio
са́мый	el más
ста́нция	estación de metro
стари́нный	antiguo
столи́ца	capital, metrópoli
тако́й (-а́я, -о́е, -и́е)	tan
тра́нспорт	transporte
у́зкий (-ая, -ое, -ие)	estrecho
широ́кий (-ая, -ое, -ие)	ancho

Вы уже знаете, как...

...indicar la situación, ubicación de una localidad, población

Арха́нгельск **нахо́дится на берегу́** Бе́лого моря.

...comparar personas o cosas

Ива́н **вы́ше** Макси́ма.
Это зда́ние **старе́е** того́.

...expresar la superioridad al caracterizar un objeto o una persona

Это зда́ние **са́мое высо́кое** в го́роде.
Никола́й **са́мый высо́кий** в кла́ссе.

...indicar la dirección del movimiento

Иди́те **пря́мо** / **напра́во** / **нале́во**.

...preguntar en qué medio de transporte se llega a un lugar y contestar

- Как **дое́хать до** вокза́ла?
- На метро́.
- На 5-ом авто́бусе.

...pedir permiso

Разреши́те пройти́ / войти́ / посмотре́ть...

Грамматика

- Роди́тельный паде́ж мно́жественного числа́ по́сле слов **мно́го, ма́ло, немно́го, ско́лько, не́сколько**. (El caso genitivo del plural después de las palabras "мно́го, ма́ло, немно́го, ско́лько, не́сколько")

> В э́том го́роде **мно́го** высо́ких зда́ний.

- Сравни́тельная сте́пень ка́чественных прилага́тельных и наре́чий. (Grado comparativo de los adjetivos cualitativos y adverbios)

-ЕЕ		-Е
ме́дленный		чи́стый
	ме́длен**нее**	чи́**ще**
ме́дленно		чи́сто

- Превосхо́дная сте́пень прилага́тельных. (Grado superlativo de los adjetivos)

са́мый	краси́вый	райо́н
са́мая	дли́нная	река́
са́мое	высо́кое	зда́ние

1.1 Задание. Слушайте и читайте.

- Воло́дя, почему́ ты не встаёшь?
  Ты не пойдёшь сего́дня в университе́т?
- Я пло́хо **себя́ чу́вствую**. У меня́ **боли́т**
  го́рло, и температу́ра высо́кая: 38,3
  (три́дцать во́семь и три).

чу́вствовать себя́	*нсв*
я	чу́вствую себя́
ты	чу́вствуешь себя́
он	_____
мы	_____
вы	_____
они́	чу́вствуют себя́

У меня́	боли́т голова́.
	боля́т **зу́бы.**

У меня́	боле́л **живо́т.**
	боле́ла голова́.
	боле́ло **го́рло.**
	боле́ли зу́бы.

1.2 Задание. Давайте поговорим.

У врача́.

- До́ктор, я пло́хо себя́ чу́вствую.
- А **что с ва́ми**?
- У меня́ *боли́т всё те́ло.*

А теперь вы.

те́ло

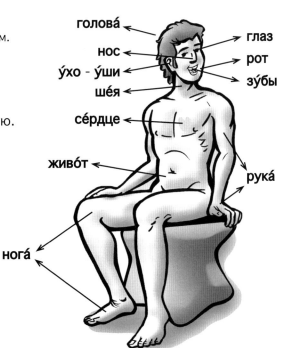

голова́ · нос · у́хо - у́ши · ше́я · се́рдце · живо́т · нога́ · глаз · рот · зу́бы · рука́

1.3 Задание. а) Слушайте и читайте.

Воло́дя **заболе́л**. Его́ ма́ма **вы́звала** врача́.
Че́рез два часа́ пришёл врач.

> болéть - заболéть
>
> я болéю, ты болéешь...
> они́ болéют

- Здра́вствуйте! Где **больно́й**?
- Вот здесь, в спа́льне.
- Что с ва́ми?
- У меня́ о́чень боли́т го́рло.
- Откро́йте рот...Так. У вас **ангина**. Вот вам **реце́пт**.
  Принима́йте э́то **лека́рство** три ра́за в день по́сле
  еды́. Пе́йте чай с лимо́ном и со́ки.
- Большо́е спаси́бо, до́ктор. До свида́ния.
- Всего́ хоро́шего.

б) Отве́тьте на вопро́сы.

1. Почему́ Воло́дя не пошёл в университе́т?
2. Кака́я у него́ температу́ра?
3. Что у него́ боли́т?
4. Что сде́лала его́ ма́ма?
5. Когда́ пришёл врач?
6. Что он сказа́л?
7. Что до́лжен принима́ть Воло́дя?
8. Что посове́товал ему́ врач?

> принима́ть - приня́ть *что?*
>
> | | |
> |---|---|
> | я | приму́ |
> | ты | при́мешь |
> | он | ———— |
> | мы | ———— |
> | вы | ———— |
> | они́ | при́мут |

 1.4 Задание. а) Слушайте и читайте.

В поликли́нике.

Хотя́ че́рез три дня у Воло́ди уже́ не́ было
температу́ры, он всё ещё плóхо себя́ чу́вствовал:
тепе́рь у него́ был **ка́шель** и **на́сморк**, поэ́тому он
реши́л пойти́ в поликли́нику.
В поликли́нике врач сказа́л ему́: "Вам нельзя́

выходи́ть на у́лицу ещё <u>два - три дня</u>, принима́йте аспири́н, пе́йте <u>горя́чее молоко́ с мёдом</u>. Ду́маю, что <u>че́рез три дня</u> вы бу́дете **здоро́вы** и смо́жете пойти́ в университе́т."

я, ты, он   здоро́в
я, ты, она́   здоро́ва
мы, вы, они́ здоро́вы

б) Напиши́те вопро́сы.

Образе́ц: (пло́хо)   *Как чу́вствовал себя́ Воло́дя че́рез три дня* ?

1. _____ ?

2. _____ ?

3. _____ ?

4. _____ ?

Кому́?

Вам
Моему́ бра́ту   нельзя́ выходи́ть на у́лицу.
Твое́й сестре́

1.5   Упражне́ние.

           1   2   3   4   5

1. Та́не нельзя́ есть моро́женое, _____ *потому́ что у неё боли́т го́рло* _____ .

2. Ма́ленькому Ми́ше нельзя́ гуля́ть,
_____ .

3. А́нне Па́вловне нельзя́ кури́ть,
_____ .

4. Бори́су Петро́вичу нельзя́ выходи́ть на у́лицу,
_____ .

5. Макси́му нельзя́ есть фру́кты,
_____ .

КАК ВЫ СЕБЯ ЧУВСТВУЕТЕ?

 1.6 Задание. Давайте поговорим.

Вы себя плóхо чýвствуете и пришлú в поликлúнику к врачý.

1.7 Упражнение.

- А́ня, зачéм ты ходúла *к врачý*?
- Что́бы *взять реце́пт*.

А тепéрь вы:

Ларúса / подрýга / занимáться
пáпа / нóвый сосéд / познакóмиться
О́льга / (свой) испáнский друг / послýшать нóвые дúски
Антóн / (своя́) знакóмая / взять рýсско-испáнский словáрь

ходúть	*к комý?*
	к дрýгу
	к подрýге
	к знакóмому
	к знакóмой

идтú		
ходúть		
е́здить	*к комý?*	быть *у когó?*
е́хать		

1.8 Упражнение. К комý или у когó?

1. В прóшлом годý я е́здила в Москвý
   (мой стáрший брат) _____ .

2. Гáля чáсто хóдит в гóсти
   (своя́ знакóмая) _____ .

3. В суббóту Зúна былá в дерéвне
   (свой родúтели) _____ .

4. Че́рез два дня мы поéдем
   (наш дéдушка) _____ .

5. В э́том годý моя́ сестрá провелá óтпуск
   (нáши рóдственники) _____ ,
   котóрые живýт на ю́ге.

1.9 Задание. Слушайте текст. Отметьте крестиком (X) правильный ответ.

1. На о́зере Артём и его́ брат

а) купа́лись.
б) лови́ли ры́бу.
в) ничего́ не де́лали.

2. Пого́да была́

а) хоро́шая.
б) жа́ркая.
в) холо́дная.

3. Брат Артёма

а) не мог купа́ться.
б) не люби́л купа́ться.
в) не хоте́л купа́ться.

4. Уха́ - э́то

а) ру́сское национа́льное блю́до.
б) суп с мя́сом.
в) ру́сский десе́рт.

5. На десе́рт у них бы́ли

а) моро́женое и чёрный ко́фе.
б) фру́кты и ко́фе с молоко́м.
в) фру́кты и чёрный ко́фе.

6. По́сле обе́да бра́тья

а) сра́зу пое́хали домо́й.
б) пошли́ погуля́ть.
в) немно́го отдохну́ли.

7. Артём почу́вствовал себя́ пло́хо

а) на о́зере.
б) в по́езде.
в) до́ма.

8. Кака́я температу́ра была́ у Артёма?

а) 38,6.
б) 38,7.
в) 39,7.

 1.10 Задание. Давайте поговорим.

Ты ча́сто хо́дишь к врачу́?
Ты вызыва́ешь врача́ на́ дом? Когда́?
Как ты себя́ чу́вствуешь сейча́с?
У тебя́ ча́сто боли́т голова́?
Что ты де́лаешь, когда́ у тебя́ боли́т голова́, боля́т зу́бы…?
Когда́ ты был(а́) у зубно́го врача́?
Когда́ ты боле́л(а) после́дний раз? Что с тобо́й бы́ло?

2 | Како́е у вас настрое́ние?

ШУ́МНО - ти́хо
темно́ - светло́
ве́село - ску́чно
жа́рко - хо́лодно

2.1 Зада́ние. Слу́шайте и чита́йте.

Здесь ду́шно и шу́мно,
но ве́село.

- Воло́дя, пойдём в пя́тницу на дискоте́ку.
- Нет, не пойду́. Там о́чень шу́мно и **ду́шно**.
- Ты прав, но на дискоте́ке ве́село, мно́го друзе́й, знако́мых.
- Нет, я лу́чше посмотрю́ по ви́дику коме́дию Ряза́нова, и мне то́же бу́дет ве́село.
- Ну, как хо́чешь.

2.2 Упражне́ние.

1. На ю́ге Испа́нии ле́том всегда́ о́чень ____*жа́рко*____ .

2. В кла́ссе о́чень _____ . Откро́йте, пожа́луйста, окно́.

3. Во вре́мя ле́кции в за́ле бы́ло _____ : все внима́тельно слу́шали.

4. На вечери́нке у Ва́ли бы́ло о́чень _____ : мы танцева́ли, пе́ли, расска́зывали **анекдо́ты**, мно́го **смея́лись**.

5. В Петербу́рге в ию́не бе́лые но́чи: в 12 часо́в но́чи ещё _____ .

6. Как здесь _____ ! Закро́й окно́, пожа́луйста.

7. Я не могу́ чита́ть: в ко́мнате _____ . **Включи́** свет, пожа́луйста.

8. В больши́х города́х мно́го маши́н, авто́бусов, трамва́ев, поэ́тому на у́лице всегда́ о́чень _____ .

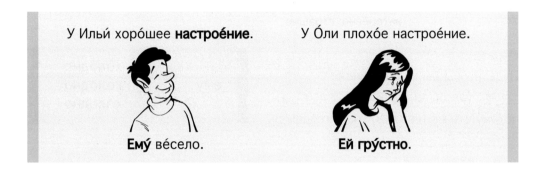

У Ильи́ хоро́шее **настрое́ние**.   У О́ли плохо́е настрое́ние.

Ему́ ве́село.   **Ей гру́стно**.

- Ве́ра, почему́ ты в пальто́?
  На у́лице тепло́.
- Мне хо́лодно.
  Наве́рное, я заболе́ла.

Ива́ну
жа́рко.

Ле́не
бо́льно.

Ви́те
ску́чно.

Гри́ше
смешно́.

Зи́не
интере́сно.

Ему́
стра́шно.

| 2.3 Упражнение.

Образец:
- Ле́на, *пое́дем в суббо́ту в дере́вню*.
- Бою́сь, там бу́дет *ску́чно*.

А тепе́рь вы:

пое́хать / зима́ / го́ры / хо́лодно
пойти́ / пя́тница / вечери́нка / неинтере́сно
пойти́ / послеза́втра / дискоте́ка / ду́шно и шу́мно
пое́хать / ле́то / Ку́ба / жа́рко

2.4 Упражнение. *хо́лодно*, бо́льно, гру́стно, ску́чно, ве́село, смешно́, **прия́тно**, интере́сно, стра́шно

Образец:
Неда́вно мы бы́ли в Исла́ндии.
___*Нам*___ там бы́ло о́чень ___*хо́лодно*___ ,
потому́ что мы не взя́ли тёплую оде́жду.

ему́	бы́ло	хо́лодно
	бу́дет	хо́лодно
		хо́лодно

1. В суббо́ту мы бы́ли у Вале́рия на дне рожде́ния. Там мы пе́ли, игра́ли, танцева́ли. _____ бы́ло о́чень _____ .

2. У Све́ты боли́т зуб. _____ о́чень _____ .

3. За́втра к нам приду́т на́ши ста́рые друзья́. _____ бу́дет _____ уви́деться и поговори́ть с ни́ми.

4. Серёжа и его́ ма́ленькая сестра́ бы́ли в зоопа́рке. _____ там бы́ло о́чень _____ .

5. Тама́ра боле́ет. Сейча́с она́ одна́ до́ма. _____ о́чень _____ .

6. Когда́ Ю́ля смотре́ла но́вую францу́зскую коме́дию, _____ бы́ло _____ .

7. Когда́ Ю́рий расска́зывал о свои́х друзья́х, _____ бы́ло немно́го _____ , потому́ что они́ жи́ли далеко́, и он давно́ не ви́дел их.

8. _____ бы́ло _____ , когда́ я смотре́ла фильм "Фра́нкенштейн".

2.5 Задание. Давайте поговорим.

Тебе́ интере́сно учи́ть ру́сский язы́к?
Что тебе́ интере́сно де́лать?
Когда́ тебе́ быва́ет ску́чно? А ве́село?
Тебе́ иногда́ быва́ет стра́шно? Когда́?
Како́е у тебя́ сейча́с настрое́ние?
У тебя́ ча́сто быва́ет плохо́е настрое́ние? Почему́?

В суббо́ту друзья́ Людми́лы пое́хали за́ город. Она́ не пое́хала с ни́ми, потому́ что пло́хо себя́ чу́вствовала. **Е́сли бы** Людми́ла **не заболе́ла**, она́ **пое́хала бы** со свои́ми друзья́ми в лес.

> **Е́сли бы** Людми́ла **не заболе́ла**,
> она́ **пое́хала бы** со свои́ми друзья́ми в лес.

3.1 Упражне́ние. Что с чем?

1. Е́сли бы у меня́ была́ маши́на, ——— мы купи́ли бы но́вую маши́ну.
2. Е́сли бы у Его́ра не́ было экза́менов, я пое́хала бы в суббо́ту в лес.
3. Е́сли бы у меня́ бы́ло вре́мя, он пое́хал бы в Росси́ю.
4. Е́сли бы мы могли́, я учи́ла бы ба́скский язы́к.
5. Е́сли бы Ка́рлос **вы́играл** в **лоте́рею**, он пое́хал бы на да́чу к роди́телям.
6. Мы пое́хали бы ката́ться на лы́жах, е́сли бы в ко́мнате не́ было так светло́.
7. Ро́за пошла́ бы на конце́рт, е́сли бы не́ было так хо́лодно.
8. На́ши де́ти давно́ бы уже́ спа́ли, е́сли бы у него́ не́ было **анги́ны**.
9. Воло́дя пое́хал бы за́ город, е́сли бы ей не на́до бы́ло занима́ться.

3.2 Упражне́ние.

а) Образец: - Пойдём *на дискоте́ку*.
             - Я с удово́льствием пошёл (пошла́) бы, е́сли бы *уме́л(а) танцева́ть*.

дискоте́ка / уме́ть танцева́ть
консервато́рия / люби́ть класси́ческую му́зыку
кино́ / (не) боле́ть голова́
Андре́й / пригласи́ть

б) Образец: - Пойдём *на конце́рт*.
             - Я с удово́льствием пошёл (пошла́) бы, е́сли бы *у меня́ бы́ло вре́мя*.

конце́рт / вре́мя
теа́тр / биле́т
парк / (не) дождь
пляж / (не) так жа́рко

КАК ВЫ СЕБЯ ЧУВСТВУЕТЕ?

3.3 Задание. а) Слушайте, отметьте крестиком (X) правильный ответ.

Имя	Что сде́лал(а) бы ..., е́сли бы вы́играл(а) в лотере́ю?					
	пое́хал(а) бы на Кана́ры	купи́л(а) бы кварти́ру	купи́л(а) бы маши́ну	нигде́ не рабо́тал(а) бы	откры́л(а) бы свой о́фис	полете́л(а) бы в ко́смос
Ира					X	
Тама́ра						
Ко́стя						
Лю́да						
Воло́дя						
Илья́						

б) Пишите.

1. *Е́сли бы Ира вы́играла в лотере́ю, она́ откры́ла бы о́фис по и́мпорту-э́кспорту эли́тной оде́жды.*

2. _____

3. _____

4. _____

5. _____

6. _____

3.4   Задание. Давайте поговорим.

Что бы ты де́лал(а), е́сли бы не учи́л(а) ру́сский язы́к?
Како́й язы́к ты учи́л(а) бы, е́сли бы уже́ зна́л(а) ру́сский язы́к?
Что бы ты сде́лал(а), е́сли бы у тебя́ ча́сто боле́ла голова́?
Что бы ты сде́лал(а), е́сли бы у тебя́ ча́сто бы́ло плохо́е настрое́ние?
Что бы ты сде́лал(а), е́сли бы в ко́мнате бы́ло ду́шно?
Куда́ бы ты пое́хал(а), е́сли бы у тебя́ бы́ло мно́го свобо́дного вре́мени?
С кем бы ты пошёл(пошла́) в кино́, е́сли бы твои́х друзе́й не́ было в го́роде?
Что бы ты сде́лал(а), е́сли бы вы́играл(а) в лотере́ю?

3.5   Задание. а) Слушайте песню.

МОЯ́ ДЕ́ВУШКА БОЛЬНА́.
Слова́ и му́зыка **Ви́ктора Цо́я**.

День как день, то́лько ты почему́-то грусти́шь,
И вокру́г все _____ , то́лько ты оди́н молчи́шь,
Потеря́л аппети́т и не хо́чешь сходи́ть _____ _____ ,
Ты идёшь в магази́н, что́бы _____ вино́.

    Со́лнце све́тит, и растёт трава́,
    Но _____ она́ не нужна́.
    _____ не так и всё не то,
    Когда́ твоя́ _____ больна́.

Ты _____ в магази́н, голово́ю пони́к,
Как бу́дто исся́к чи́стый го́рный родни́к,
Она́ где́-то _____ , ест мёд и пьёт аспири́н,
И вот ты идёшь на вечери́нку _____ .

б) Напишите инфинитив.

пою́т - петь
хо́чешь -
идёшь -
лежи́т -
ест -
пьёт -

Новые слова:

ангина	angina
анекдот	chiste
болеть (болею, -ешь... -ют) *нсв*	estar enfermo
болеть (болит, болят) *нсв*	doler, causar dolor
больно	hace daño
больной	el enfermo
весело	con alegría, estar alegre
включить *св*	enchufar, encender
вызвать (вызову, -ешь, ...-ут) *св*	llamar (médico, policía,...)
вызывать *нсв*	llamar (médico, policía,...)
выиграть *св*	ganar
горло	garganta
грустно	estar triste, con tristeza
душно	falta aire
еда	comida
живот	barriga
заболеть *св*	ponerse enfermo, enfermar
здоров (-а, -ы)	estar sano
зуб	diente, muela
кашель *м.р.*	tos
лекарство	medicamento
лотерея	lotería
насморк	resfriado, mucosidad
настроение	humor, estado de ánimo
нога	pie, pierna
нос	nariz
почувствовать себя *св*	sentirse
принимать (лекарство) *нсв*	tomar (medicamento)
принять (лекарство) (приму, -ешь, ...-ут) *св*	tomar (medicamento)
приятно	es agradable, da gusto
рецепт	receta
рот	boca
рука	mano, brazo
светло	está claro (hay luz)
сердце	corazón
скучно	aburrido, estar aburrido
смеяться (смеюсь, -ёшься, ...-ются) *нсв*	reír

смешно́	da risa, es para reír
стра́шно	da miedo, tener miedo
те́ло	cuerpo
темно́	está oscuro
уха́	ujá (sopa rusa de pescado)
у́хо (у́ши)	oreja, oído
хотя́	aunque
чу́вствовать себя́ *нсв*	sentirse
ше́я	cuello
шу́мно	hay ruido, ruidosamente

Вы уже знаете, как...

...decir cómo se encuentra:

Я пло́хо **себя́ чу́вствую**.

...preguntar sobre el estado físico
   y contestar:

- **Что с ва́ми?**
- У меня́ **боли́т голова́**.

...expresar su estado de ánimo:

Мне **ску́чно**.
У меня́ **хоро́шее настрое́ние**.

...hablar del ambiente que nos rodea:

На у́лице **шу́мно**.

...decir que se dirige al lugar donde
   se encuentra la persona:

Вчера́ Же́ня ходи́л **к своему́ дру́гу**.

...expresar un deseo o una acción irreal:

Е́сли бы у меня́ **не боле́л**а
голова́, я **пошёл бы** в кино́.

...preguntar por la finalidad de una acción
   y contestar:

- **Заче́м** ты ходи́л к врачу́?
- **Что́бы** попроси́ть лека́рство.

Грамматика.

- Безли́чные предложе́ния с предикати́вным наре́чием.
  (Oraciones impersonales con un adverbio como predicado.)

Здесь о́чень **шу́мно**.
Нам бы́ло **ве́село** на ве́чере.

- Сослага́тельное наклоне́ние, выража́ющее предполага́емое и́ли нереа́льное
  де́йствие. (Modo subjuntivo que expresa una acción supuesta o irreal.)

Е́сли бы Андре́й хорошо́ себя́ чу́вствовал, он **пое́хал бы** за́ город.

- Уступи́тельные прида́точные предложе́ния.
  (Oraciones subordinadas concesivas.)

Хотя́ у Зи́ны боле́ла голова́, она́ пошла́ на рабо́ту.

Куда́ пое́хать в выходны́е дни? | 1

1.1   Упражнение.

- И́нна, пойдём в *воскресе́нье* в кино́.
- Не могу́, Ки́ра. По *воскресе́ньям* я *е́зжу за́ город*.

А теперь вы:

пя́тница / ходи́ть в бассе́йн
суббо́та / е́здить на дачу́
четве́рг / е́здить к ба́бушке

> *когда́?*
>
> по понеде́льникам
> по сре́дам
> по воскресе́ньям

 1.2   Задание. Слушайте и читайте.

- Ни́на Миха́йловна, где вы прово́дите выходны́е дни?
- По суббо́там и воскресе́ньям е́здим на да́чу.
  Недалеко́ от на́шей да́чи есть о́зеро и большо́й лес.
  О́сенью там всегда́ мно́го **грибо́в**. Зимо́й на о́зере
  мы ката́емся на конька́х, а ле́том - на **ло́дке**.

1.3   Задание. Давайте поговорим. а) Прочитайте опрос из газеты «Аргументы и факты».

б) Спросите 3-х товарищей.

Образец:

- Лоли́та, что ты де́лаешь в выходны́е?
- Занима́юсь спо́ртом. Ле́том игра́ю в те́ннис, а зимо́й ката́юсь на лы́жах.

И́мя	Лоли́та			
Дома́шние дела́				
За́ город				
Магази́ны				
Го́сти				
Спорт	*те́ннис* *лы́жи*			
Друго́е				

в) Расскажите, как проводят выходные дни ваши товарищи.

1.4 Задание. а) Слушайте и читайте.

В про́шлом году́ мы с детьми́ е́здили в Испа́нию к на́шим друзья́м. Мы прекра́сно провели́ там вре́мя. На́шим ма́леньким де́тям бо́льше всего́ понра́вились мо́ре и пляж, а нам – испа́нские ви́на и национа́льные блю́да. Друзья́ подари́ли де́тям краси́вые **игру́шки**, а нам - сувени́ры.

Да́тельный паде́ж *кому?*			
Они́ подари́ли	знако́м**ым** студе́нт**ам** э́т**им** преподава́тел**ям** ва́**шим** студе́нтк**ам** мои́**м** сёстр**ам** свои́**м** подру́г**ам**	сувени́ры.	*Запо́мните!* друзь**я́м** бра́ть**ям** сыновь**я́м** дочер**я́м** де́т**ям** лю́д**ям**

1.5 Упражнение.

Образец: *Мойм ста́рым роди́телям* тру́дно ходи́ть пешко́м. (мои ста́рые роди́тели)

1. Экскурсово́д показа́л _____
   са́мые интере́сные места́ в э́том го́роде. (ру́сские тури́сты)

2. Ко́стя ча́сто е́здит _____
   в дере́вню. (свои́ ста́ршие сёстры)

3. _____ уже́ мо́жно встава́ть.
   (э́ти больны́е)

4. _____ понра́вилось
   путеше́ствие на **теплохо́де** по Во́лге. (на́ши испа́нские знако́мые)

5. _____ бы́ло ве́село на
   пра́зднике. (мои́ мла́дшие бра́тья)

6. _____ на́до мно́го
   рабо́тать. (э́ти молоды́е преподава́тели)

7. Мы ходи́ли в го́сти _____ .
   (на́ши но́вые сосе́ди)

8. _____ бы́ло легко́ понима́ть
   ру́сского журнали́ста. (э́ти студе́нтки)

9. _____ го́рода е́здят
   краси́вые совреме́нные трамва́и, авто́бусы, троллейбусы. (широ́кие у́лицы)

10. _____ 6 лет. Они́ близнецы́.
    (мои́ племя́нники)

 1.6 Упражнение. а) Слушайте и читайте.

- Ле́на, что ты бу́дешь де́лать в суббо́ту?
- Обы́чно по суббо́там и воскресе́ньям я
  е́зжу *к ба́бушке в дере́вню*. А ты, Ве́ра,
  куда́ пое́дешь?
- Ещё не зна́ю. Наве́рное, *к друзья́м на да́чу*.
- **Жела́ю тебе́ хорошо́ провести́ выходны́е.**
- Спаси́бо, **и тебе́ то́же.**

А тепе́рь вы:

брат, го́сти / знако́мые, Я́сная Поля́на
дя́дя, Ряза́нь / роди́тели, дере́вня
мать, Влади́мир / подру́ги, общежи́тие

е́здить *куда́? к кому́?*	
ходи́ть	
ко мне	к друзья́м
к тебе́	к роди́телям
к нему́	к подру́гам
к ней	к знако́мым
к нам	
к вам	
к ним	

ЕДЕМ ЗА ГОРОД!

 б) Давайте поговорим.

Спроси́те своего́ това́рища куда́ и к кому́ он(а) пое́дет (пойдёт) в выходны́е дни?
Пожела́йте ему́ (ей) хорошо́ провести́ выходны́е дни.

1.7 Упражнение. Пишите. У кого? К кому?

1. *У мое́й ма́мы позавчера́ бы́ли имени́ны.*
2. Мой друг заболе́л.
3. Вчера́ у Никола́я был день рожде́ния.
4. Его́ роди́тели живу́т в дере́вне.
5. Че́рез 3 дня у нас бу́дет экза́мен. Мы с дру́гом реши́ли занима́ться вме́сте.
6. Ни́на купи́ла но́вую кварти́ру. Она́ пригласи́ла нас в го́сти.

	У кого?		К кому?
1. Позавчера́ я	*была́ у ма́мы*	/	*ходи́ла к ма́ме*
2. Два дня наза́д я	_____	/	_____
3. Вчера́ мы	_____	/	_____
4. В суббо́ту Ви́тя	_____	/	_____
5. В четве́рг я	_____	/	_____
6. Позавчера́ мы с му́жем	_____	/	_____

1.8 Задание. Слушайте. Как прово́дят выходны́е дни в Росси́и и Испа́нии?

	зимо́й	ле́том	тра́нспорт	еда́
В Росси́и				
В Испа́нии				

Че́тверть пе́рвого. **Полови́на пе́рвого.** **Без че́тверти** час.

| 2.1 | Упражне́ние.

Образе́ц: - Ско́лько сейча́с вре́мени? (Кото́рый час?)
         - Сейча́с *полови́на пя́того*.

А тепе́рь вы:

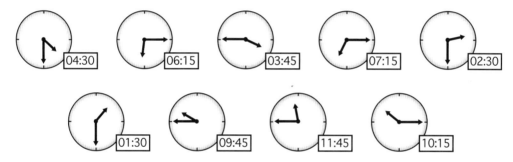

| 2.2 | Упражне́ние.

- Исабе́ль, за́втра мы *пое́дем на экску́рсию в Арха́нгельское*.
  Хо́чешь *пое́хать* с на́ми?
- С удово́льствием. А когда́?
- За́втра *полдевя́того* на вокза́ле у касс.
- А кто ещё *пое́дет*?
- *Пое́дут* мои́ друзья́, И́горь и Суса́нна.
  Ты их зна́ешь.
- Договори́лись, Ми́ша. До за́втра.
- Пока́.

А тепе́рь вы:

(пойти́) похо́д / 8.45
(пое́хать) го́ры / 7.15
(пое́хать) пляж / 9.30

Когда́? Во ско́лько?	
(12.15)	че́тверть пе́рвого
(12.30)	в полови́не пе́рвого
	полпе́рвого
(12.45)	без че́тверти час
(13.00)	в час

2.3   Задание. Слушайте и читайте.

В ка́ссе вокза́ла.

- Каки́е электри́чки иду́т у́тром в Су́здаль?
- Есть в 8.00, 8.30 и в 9.00 часо́в.
- Да́йте 3 биле́та на 8.00.
- В оди́н **коне́ц** и́ли **туда́ и обра́тно**?
- Туда́ и обра́тно.

<u>А теперь вы:</u>

Вы хоти́те пое́хать в Бородино́.
Спроси́те, каки́е электри́чки туда́ иду́т.

Расписа́ние электропоездо́в	
в Бородино́	в Москву́
8.15	9.45
8.45	10.15
9.00	10.30
9.30	11.00

2.4   Задание. Давайте поговорим.

1. Вы с сестро́й должны́ встре́тить в аэропорту́
   ва́шего дру́га.

   прилёт - 16.30
   встре́ча с сестро́й - 16.15

2. Пригласи́те пообе́дать в рестора́н ру́сского
   бизнесме́на. Договори́тесь о ме́сте и вре́мени.

   встре́ча - 13.45

3. Вы хоти́те пойти́ посмотре́ть но́вый фильм.
   Позвони́те ва́шему знако́мому и договори́тесь
   о ме́сте и вре́мени.

   нача́ло **сеа́нса** - 21.30
   встре́ча - 21.15

2.5 Упражнение. Слушайте и читайте.

**уходи́ть – уйти́
уезжа́ть – уе́хать
улета́ть – улете́ть**

Разгово́р по телефо́ну.

а)
- Слу́шаю!
- Мо́жно *Кла́вдию Васи́льевну*?
- А кто *её* спра́шивает?
- *Серо́в.*
- *Она́ ушла́* домо́й.
- Тогда́ я позвоню́ за́втра, до свида́ния.

А теперь вы:

Валенти́н Серге́евич / Журавлёва
Ка́рмен / Рау́ль

б)
- Алло́.
- Позови́те, пожа́луйста, *Бори́са.*
- А кто *его́* спра́шивает?
- Та́ня.
- *Бори́с уе́хал за́ город.*
- А когда́ *он* прие́дет?
- *Ве́чером, часо́в в 9.*
- Спаси́бо, до свида́ния.

А теперь вы:

Исабе́ль / да́ча / 7
Ферна́ндо / командиро́вка / 3, день

Оле́г спроси́л де́вушку: «Где вы живёте?»
Оле́г спроси́л де́вушку, **где она́ живёт.**

Та́ня сказа́ла Бори́су: «Я позвоню́ тебе́ ве́чером»
Та́ня сказа́ла Бори́су, **что (она́) позвони́т ему́ ве́чером.**

Роди́тели спроси́ли сы́на: «Ты пое́дешь с на́ми в дере́вню?»
Роди́тели спроси́ли сы́на, **пое́дет ли он с ни́ми в дере́вню.**

Преподава́тель сказа́л студе́нтам: «Вы́ключите моби́льные телефо́ны».
Преподава́тель сказа́л студе́нтам, **что́бы они́ вы́ключили моби́льные телефо́ны.**

2.6 Упражнение.

1. Иностра́нец спроси́л: «Како́й сейча́с курс е́вро?»
   Иностра́нец спроси́л, како́й сейча́с курс е́вро.

2. Моя́ сестра́ спроси́ла меня́: «Ты пойдёшь на вы́ставку?»

3. Ве́ра спроси́ла Ле́ну: «Куда́ ты пое́дешь на выходны́е?»

_____

4. На тамо́жне нам сказа́ли: «Вы должны́ запо́лнить деклара́цию».

_____

5. На па́спортном контро́ле ему́ сказа́ли: «Покажи́те ва́шу миграцио́нную ка́рту».

_____

6. Мой друг спроси́л в гости́нице: «У вас есть свобо́дные номера́?»

_____

7. Его́ брат сказа́л: «Я остановлю́сь у свои́х друзе́й».

_____

 2.7 Задание. а) Слушайте и читайте.

В пя́тницу Та́ня позвони́ла Бори́су. Та́ня сказа́ла, что в теа́тре «Эрмита́ж» выступа́ет Анто́нио Кана́лес со свои́м анса́мблем фламе́нко. Она́ спроси́ла Бори́са, не хо́чет ли он пойти́ с ней на спекта́кль. Бори́с отве́тил, что с удово́льствием пойдёт, и спроси́л, когда́ начина́ется конце́рт. Та́ня отве́тила, что конце́рт начина́ется в 8.30 и сказа́ла, что им на́до **встре́титься** в 8 часо́в у ка́ссы, что́бы купи́ть биле́ты. Бори́с сказа́л, что зака́жет биле́ты по телефо́ну и бу́дет **ждать** Та́ню у вхо́да в теа́тр в 8.15.

ждать - подожда́ть _кого?_	
я	жду
ты	ждёшь
он	_____
мы	_____
вы	_____
они́	ждут
имп.: жди, -те	
подожди́, -те	

 б) Пишите. Восстанови́те диало́г. (Complete el diálogo)

Бори́с: - Алло́!

Та́ня: - Приве́т, Бори́с. Это Та́ня.

Бори́с: - Приве́т, Та́нечка.

Та́ня: - _За́втра в теа́тре «Эрмита́ж»_ _____

_____ со свои́м анса́мблем фламе́нко.

_____ со мной на спекта́кль?

Бори́с: - С удово́льствием _____ .

Когда́ _____ конце́рт?

Та́ня: - _____ начина́ется в 8.30. Нам на́до

_____ в 8 часо́в у ка́ссы, _____

_____ .

Бори́с: - Я _____ биле́ты по телефо́ну и

_____ тебя́ у вхо́да в теа́тр в 8.15.

2.8 Зада́ние.

Прочита́йте запи́ски и скажи́те:
1) Кто их написа́л и кому́?
2) Что они́ написа́ли?

Поли́на!

*Купи́ молоко́ и хлеб.
Я забы́ла.*

Ма́ма

Сла́ва!

*Я иду́ у́жинать с друзья́ми.
Хо́чешь пойти́ с на́ми?
Встреча́емся у рестора́на «Пра́га» в 8.30.*

Шу́ра

Па́па!

*Тебе́ звони́л с рабо́ты
Дми́трий Серге́евич.
Позвони́ ему́.*

А́ся

*Ми́ша!
Пойдёшь сего́дня со мной
на хокке́й?
У меня́ уже́ есть биле́ты.
Позвони́ на рабо́ту.*

Воло́дя

ЕДЕМ ЗА ГОРОД!

3 | **Вы занима́етесь спо́ртом?**

 3.1 Задание. Слушайте и читайте.

В университе́те.

- Приве́т, Серёжа!
- Приве́т, Вале́ра!
- Ты бу́дешь сего́дня ве́чером смотре́ть матч «Спарта́к»-«Дина́мо»?
- Коне́чно, ведь я **боле́ю** за «Спарта́к». Е́сли хо́чешь, приходи́ к нам в общежи́тие. Мы с друзья́ми бу́дем вме́сте смотре́ть э́тот матч.
- Спаси́бо, обяза́тельно приду́. У меня́ до́ма никто́ не лю́бит футбо́л. Отцу́ нра́вится игра́ть в гольф, а ма́ма хо́дит на тай-чи. Ва́ля, моя́ сестра́, занима́ется те́ннисом. Они́ говоря́т, что им смешно́ смотре́ть, как 22 челове́ка **бе́гают** за одни́м мячо́м.
- Вот и прекра́сно. Приходи́. Мне ка́жется, что на э́тот раз «Спарта́к» **вы́играет**.
- Ну, хорошо́, Серёга. До ве́чера.
- Пока́, Вале́ра.

бе́гать *нсв*

 3.2 Задание. Слушайте и читайте.

До́ма.

- Как матч, Вале́ра? «Спарта́к» **вы́играл** или **проигра́л**?
- Ну, коне́чно, вы́играл, па́па. Со **счётом** 3:1.
- Поздравля́ю.

3.3 Упражнение. Закончите фразы.

1. Вале́ра пойдёт смотре́ть футбо́льный матч к _____

   в _____ .

2. Друг Вале́ры боле́ет _____ _____.

3. В семье́ Вале́ры игра́ет в гольф _____ , хо́дит

   на тай-чи _____ , а те́ннисом занима́ется

   _____ .

4. В его́ семье́ никто́ не интересу́ется _____ .

5. Друг Вале́ры ду́мает, что _____ .

6. Кома́нда «Спарта́к» _____ со счётом 3:1.

7. Кома́нда «Дина́мо» _____ .

| 3.4 Упражнение.

- Ники́та, каки́м ви́дом спо́рта
  ты занима́ешься?
- **Пла́ванием**. А ты, Ко́стя?
- Игра́ю *в баскетбо́л*.

А теперь вы:

дзюдо́ / волейбо́л
бокс / гольф
гимна́стика / хокке́й

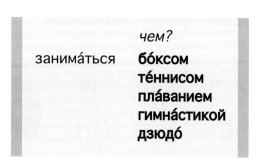

 | 3.5 Задание. Давайте поговорим. а) Спросите 3-х товарищей.

Образец:
- *Луи́с, чем ты занима́ешься в свобо́дное вре́мя?*
- *По четверга́м я игра́ю в баскетбо́л, а по воскресе́ньям ката́юсь на лы́жах.*

И́мя	Чем занима́ется?	Когда́?
Луи́с	*баскетбо́л* *лы́жи*	*четве́рг* *воскресе́нье*

 б) Расскажи́те, чем занима́ются в свобо́дное вре́мя ва́ши това́рищи?

Парк культуры им. Горького

В це́нтре и на окра́ине Москвы́ мно́го больши́х па́рков, в кото́рых жи́тели столи́цы прово́дят своё свобо́дное вре́мя.

м.р.
Вот молоды́е лю́ди,

кото́рые неда́вно рабо́тают в на́шей фи́рме.
кото́рых не́ было на ле́кции.
кото́рым я показа́ла го́род.
кото́рых я ещё пло́хо зна́ю.
с кото́рыми я неда́вно познако́мился.
о кото́рых я тебе́ ча́сто расска́зываю.

ж.р.
Вот де́вушки,

кото́рые неда́вно рабо́тают в на́шей фи́рме.
кото́рых не́ было на ле́кции.
кото́рым я показа́ла го́род.
кото́рых я ещё пло́хо зна́ю.
с кото́рыми я неда́вно познако́мился.
о кото́рых я тебе́ ча́сто расска́зываю.

ср.р.
В Москве́ есть общежи́тия, **в кото́рых** живу́т иностра́нные студе́нты.

3.6   Упражнение. Что с чем?

1. Я, наконе́ц, купи́л кни́ги,
2. Это Вади́м и Кла́ва,
3. В э́том до́ме живу́т мои́ друзья́,
4. Её брат всегда́ е́здит к де́душке и ба́бушке,
5. Познако́мьтесь, это мои́ това́рищи,
6. Ты не зна́ешь де́вушек,
7. По Москве́ хо́дят маршру́тные такси́,

кото́рые о́чень лю́бят москвичи́.
к кото́рым мы вчера́ ходи́ли в го́сти.
кото́рых не́ было в библиоте́ке.
с кото́рыми я учи́лся в те́хникуме.
кото́рых мы ви́дели на дискоте́ке?
о кото́рых я вам расска́зывал.
кото́рые живу́т в ма́ленькой дере́вне

3.7 Задание. а) Слушайте и читайте.

поле

крестьянин

Бы́ло ле́то. Стоя́ла прекра́сная пого́да, свети́ло со́лнце. В го́роде бы́ло жа́рко и ду́шно, и мы с мои́м дру́гом Ко́стей реши́ли пое́хать за́ город. Мы вы́шли из до́ма, се́ли в маши́ну и пое́хали.

По доро́ге мы ви́дели крестья́н, кото́рые рабо́тали в по́ле, дере́вни, да́чи с сада́ми и огоро́дами. Снача́ла мы е́хали по **шоссе́**, а пото́м пое́хали по у́зкой **доро́ге**. Там, где конча́лась доро́га, бы́ло большо́е о́зеро. Мы останови́лись. Бы́ло жа́рко, и мы реши́ли **искупа́ться**. Я не уме́ю пла́вать, поэ́тому бы́стро вы́шел из воды́. Когда́ Ко́стя пла́вал, я загора́л.

Ско́ро я **захоте́л** есть, и мы реши́ли поза́втракать в ма́леньком кафе́, кото́рое находи́лось на берегу́ о́зера. Мы вошли́, се́ли за стол и заказа́ли бутербро́ды с колбасо́й и пи́во. По́сле за́втрака мы гуля́ли в лесу́. Был уже́ час. Нам на́до бы́ло возвраща́ться в го́род, потому́ что мои́ роди́тели жда́ли нас к обе́ду.

огоро́д

пла́вать нсв

садиться - **се́сть** куда́?
пр.вр.: сел, -а, -и

 б) Напишите вопросы.

1. _Како́е бы́ло вре́мя го́да_____ ?
   Ле́то.

2. _____ ?
   Жа́рко и ду́шно.

3. _____ ?
   За́ город.

4. _____ ?
   Крестья́не.

5. _____ ?
   Большо́е.

6. _____ ?
   Искупа́ться.

7. _____ ?
   На берегу́ о́зера.

8. _____ ?
   Бутербро́ды с колбасо́й и пи́во.

9. _____ ?
   По́сле за́втрака.

10. _____ ?
   Роди́тели.

в) Перескажите текст от 3-го лица.

3.8 Задание. Слушайте песню.

Уезжа́ю в Ленингра́д, как я ра́да - как я рад...
Стихи И. Уткина
Музыка А. Суханова

Уезжа́ю в Ленингра́д, как я ра́д - как я рад.
Дво́е ти́хо _____ , расстава́лись и кори́ли:
Ты така́я - Ты тако́й - Ты _____ - Ты плохо́й.
Уезжа́ю в Ленингра́д, как я ра́д - как я рад.

Де́ло бы́ло на _____ , де́ло бы́ло э́тим ле́том,
Всё реши́ли, всё _____ , бы́ли ку́плены биле́ты.
Парово́з в дыму́ по по́яс бил копы́том на пути́,
Голубо́й курье́рский _____ вот, вот ду́мал отойти́.
Уезжа́ю в Ленингра́д, как я ра́д - как я рад.

Но _____ чуда́к в фура́жке по́днял ма́ленький флажо́к,
Парово́з пусти́л бара́шки, семафо́р ого́нь зажёг.
Но когда́, в _____ два́дцать бьет звоно́к оди́н, друго́й
На́до бы́ло расстава́ться, на́до бы́ло расстава́ться:
_____ - дорого́й - я така́я - я тако́й, я плоха́я - я плохо́й.
Я не _____ в Ленингра́д, как я ра́д - как я рад.

Новые слова:

анса́мбль *м.р.*	conjunto, grupo
бе́гать *нсв*	correr
бокс	boxeo
боле́ть (за) *нсв*	ser hincha
встре́титься (встре́чусь, встре́тишься, …-ятся) *св*	encontrarse, tener cita con alguien
гимна́стика	gimnasia
гольф	golf
гриб	seta, hongo
доро́га	camino, carretera
дзюдо́	judo
жела́ть *нсв*	desear
ждать (жду, -ёшь, …-у́т) *нсв*	esperar
захоте́ть *св*	querer hacer algo
звать (зову́, -ёшь, …-у́т) *нсв*	llamar
игру́шка	juguete
искупа́ться *св*	bañarse
коне́ц	final, fin
крестья́нин	campesino
ло́дка	barca, lancha
огоро́д	huerto
пла́вание	natación
пла́вать *нсв*	nadar
по́ле	campo
полови́на	mitad
подожда́ть *св*	esperar
позва́ть (позову́, -ёшь, …-у́т) *св*	llamar
провести́ (проведу́, -ёшь, …-у́т) *св*	pasar (tiempo libre)
проигра́ть *св*	perder (en el juego)
путеше́ствие	viaje
сеа́нс	sesión
сесть (ся́ду, -ешь, …-ут) *св*	sentarse
счёт	tanteo
теплохо́д	crucero, barco
уезжа́ть *нсв*	marcharse (en transporte)
уе́хать (уе́ду, -ешь, …-ут) *св*	irse, marcharse (en transporte)
уйти́ (уйду́, -ёшь, …-у́т) *св*	irse, marcharse (a pie)
улета́ть *нсв*	marcharse (en avión)
улете́ть (улечу́, улети́шь, …-я́т) *св*	marcharse (en avión)
уходи́ть (ухожу́, ухо́дишь, …-ят) *нсв*	irse, marcharse (a pie)

че́тверть *ж.р.*	cuarto, cuarta parte
шоссе́	carretera, autovía

Вы уже знаете, как...

...indicar con qué frecuencia se produce una acción:	По понеде́льникам я хожу́ в бассе́йн.
...desear buen fin de semana:	- Жела́ю тебе́ хорошо́ провести́ выходны́е.
	- Спаси́бо, и **тебе́ то́же**.
...indicar medias y cuartos de hora:	Полови́на пе́рвого. Че́тверть пе́рвого.
...pedir billete de ida o ida y vuelta:	- Да́йте 3 биле́та во Влади́мир.
	- В оди́н коне́ц?
	- Нет, **туда́ и обра́тно**.
...pedir que una persona se ponga al teléfono:	**Мо́жно** Кла́вдию Ва́сильевну?
	Позови́те, пожа́луйста, Бори́са.

Грамматика.

- Да́тельный паде́ж существи́тельных, прилага́тельных, указа́тельных и притяжа́тельных местоиме́ний во мно́жественном числе́. (Caso dativo de los sustantivos, adjetivos, adjetivos posesivos y demostrativos en plural).

Да́тельный паде́ж *кому́?*			
Они́ подари́ли	знако́м**ым** студе́нт**ам**	сувени́ры.	*Запо́мните!*
	э́т**им** преподава́тел**ям**		друзь**я́м**
	ва́ш**им** студе́нтк**ам**		бра́ть**ям**
	мо́**им** сёстр**ам**		сыновь**я́м**
	сво́**им** подру́г**ам**		дочер**я́м**
			де́т**ям**
			лю́д**ям**

- Глаго́лы движе́ния. (Verbos de movimiento).

уходи́ть – уйти́   бе́гать
уезжа́ть – уе́хать   пла́вать
улета́ть – улете́ть

- Ко́свенная речь. (Estilo indirecto).

Оле́г спроси́л де́вушку: «Где вы живёте?»
Оле́г спроси́л де́вушку, **где она́ живёт**.

Та́ня сказа́ла Бори́су: «Я позвоню́ тебе́ ве́чером».
Та́ня сказа́ла Бори́су, **что (она́) позвони́т ве́чером**.

Роди́тели спроси́ли сы́на: «Ты пое́дешь с на́ми в дере́вню?»
Роди́тели спроси́ли сы́на, **пое́дет ли он с ни́ми в дере́вню**.

Преподава́тель сказа́л студе́нтам: «Вы́ключите моби́льные телефо́ны».
Преподава́тель сказа́л студе́нтам, **что́бы они́ вы́ключили моби́льные телефо́ны**.

- Относи́тельное местоиме́ние **кото́рый** во мно́жественном числе́.
  (Pronombre relativo en plural).

Вот молоды́е лю́ди (де́вушки),

кото́рые неда́вно рабо́тают в на́шей фи́рме.
кото́рых не́ было на ле́кции.
кото́рым я показа́ла го́род.
кото́рых я ещё пло́хо зна́ю.
с кото́рыми я неда́вно познако́мился.
о кото́рых я тебе́ ча́сто расска́зываю.

А

а́вгуст /3	agosto
агроно́м /4	agrónomo
агрономи́ческий /4	de agronomía, agronómico
адвока́т /4	abogado
а́дрес /9	dirección, señas
анги́на /9	angina
анекдо́т /9	chiste
анке́та /7	impreso, cuestionario
анса́мбль *м.р.* /10	conjunto, grupo
апре́ль *м.р.* /3	abril
архео́лог /4	arqueólogo
археологи́ческий /6	arqueológico

Б

бага́ж /6	equipaje
бана́н /2	plátano
бе́гать *I нсв* /10	correr
безрабо́тный /4	parado, desempleado
бе́рег /8	orilla
беспоко́иться *II нсв* /5	inquietarse, preocuparse
бизнесме́н /4	empresario
биле́т /6	billete, pasaje, entrada
благодари́ть *II нсв* (*св* поблагодари́ть) /3	agradecer, dar las gracias
бланк /6	impreso
бли́зко /8	cerca
близнецы́ /5	gemelos, mellizos
бокс /10	boxeo
боле́ть *I нсв* (*св* заболе́ть) /9	estar enfermo
боле́ть (за) *I нсв* /10	ser hincha
боле́ть *II нсв* /9	doler, causar dolor
бо́льно /9	hace daño
больно́й /9	el enfermo
борода́ /5	barba
боти́нки *мн.ч.* (боти́нок) /2	botas de montaña
боя́ться *II нсв* /6	tener miedo
брать *I нсв* (*св* взять) /3	tomar, coger, llevar consigo
бронхи́т /9	bronquitis
бульва́р /8	paseo (calle)
бума́га /7	papel
быва́ть *I нсв* /3	soler (tener), tener lugar

В

ва́за /7	jarrón, florero
валю́та /7	divisa
век /3	siglo
верну́ться I св (нсв возвраща́ться) /6	volver, regresar
ве́село /9	con alegría, estar alegre
ветерина́р /4	veterinario
ве́шалка	perchero, percha
взро́слый /1	mayor de edad
вид /8	tipo
ви́деться II нсв (св уви́деться) /6	verse
висе́ть II нсв /7	estar colgado, pender
витри́на /3	escaparate
включа́ть I нсв (св включи́ть) /4	enchufar, encender
включи́ть II св (нсв включа́ть) /9	enchufar, encender
внима́тельно /6	con atención, atentamente
во вре́мя /4	durante
возвраща́ться I нсв (св верну́ться) /6	volver, regresar
война́ /3	guerra
войти́ I св (нсв входи́ть) /7	entrar
во́лосы мн.ч. /5	cabellos
вор /2	ladrón
восемьсо́т /3	ochocientos
встре́тить II св (нсв встреча́ть) /5	recibir (a alguien en el aeropuerto...)
встре́титься II св (нсв встреча́ться) /10	encontrarse, tener cita con alguien
встре́ча /1	encuentro
встреча́ть I нсв (св встре́тить) /6	recibir (a alguien en el aeropuerto...)
вступи́тельный (экза́мен) /4	examen de selectividad
вход	entrada
входи́ть II нсв (св войти́) /7	entrar
вы́глядеть II нсв /5	tener aspecto
вы́звать I св (нсв вызыва́ть) /9	llamar (médico, policía, ...)
вызыва́ть I нсв (св вы́звать) /9	llamar (médico, policía, ...)
вы́играть I св (нсв выи́грывать) /9	ganar
вы́йти I св (нсв выходи́ть) /7	salir
выключа́ть I нсв (св вы́ключить) /9	apagar, desconectar
вы́ключить II св (нсв выключа́ть) /9	apagar, desconectar
высо́кий /5	alto
выходи́ть II нсв (св вы́йти) /7	salir
выходно́й /1	libre, festivo (día)

Г

гимна́стика /10	gimnasia
гла́вный /8	principal
глаз /5	ojo
глубо́кий /8	profundo
голова́ /8	cabeza
голубо́й /5	azul claro (celeste)
гольф /10	golf
го́рло /9	garganta
гриб /10	seta, hongo
гро́мко /8	alto (hablar)
гру́стно /9	estar triste, con tristeza
гру́ша /2	pera
гря́зный /8	sucio

Д

дава́ть I нсв (св дать) /5	dar
да́же /2	incluso
две́сти /3	doscientos
дво́йка /4	suspenso, mal (en los estudios)
двор /4	patio
двою́родный (-ая) брат (сестра́) /2	primo, prima
девятьсо́т /3	novecientos
дежу́рить II нсв /1	hacer guardia
дека́брь м.р. /3	diciembre
деклара́ция /6	declaración (aduana)
деловы́е лю́ди /8	hombres de negocios
день рожде́ния /3	cumpleaños
де́рево (дере́вья мн.ч) /7	árbol
де́тство /4	infancia
дёшево /3	barato (adv.)
дешёвый /3	barato
дже́мпер /3	jersey
дзюдо́ /10	judo
дива́н /2	diván, sofá
дирижёр /4	director (de orquesta, de coro)
дли́нный /5	largo
дневни́к /2	diario
догова́риваться I нсв (св договори́ться) /1	llegar a un acuerdo
договори́ться II св (нсв догова́риваться) /1	llegar a un acuerdo
дое́хать I св /8	llegar (hasta un lugar en un vehículo)
дойти́ I св /8	llegar (hasta un lugar a pie)
доро́га /10	camino, carretera

до́рого /3	caro (adv.)
дорого́й /1, 3	querido, caro
друго́й /1	otro
дружи́ть II нсв /5	tener amistad
ду́шно /9	falta aire
дя́дя м.р. /2	tío

Е

еда́ /9	comida
едини́ца /4	suspenso, muy mal (nota)
е́здить II нсв /2	ir (en un vehículo)

Ж

ждать I нсв (св подожда́ть) /10	esperar
жела́ть I нсв (св пожела́ть) /10	desear
живо́т /9	barriga
жизнь ж.р. /6	vida
жи́тель м.р. /8	habitante
журнали́стика /1	periodismo

З

за́ город (е́хать) /1	fuera de la ciudad (ir)
за́ городом /3	fuera de la ciudad (estar)
за грани́цу /2	al extranjero (ir)
заболе́ть I св (нсв боле́ть) /9	ponerse enfermo, enfermar
заказа́ть I св (нсв зака́зывать) /7	encargar, reservar
зака́зывать I нсв (св заказа́ть) /7	encargar, reservar
закрыва́ть(ся) I нсв (св закры́ть(ся)) /8	cerrar(se)
закры́ть(ся) I св (нсв закрыва́ть(ся)) /8	cerrar(se)
занима́ться I нсв /4	dedicarse, estudiar
заня́тия мн.ч. /3	horas de clase
запо́лнить II св (нсв заполня́ть) /6	rellenar (documento)
заполня́ть I нсв (св запо́лнить) /6	rellenar (documento)
захоте́ть св (нсв хоте́ть) /10	querer hacer algo
зачём /7	¿para qué?
звать I нсв (св позва́ть) /10	llamar
здоро́в /9	estar sano
здоро́ваться I нсв (св поздоро́ваться) /1	saludar
здоро́вье /9	salud
зе́ркало /1	espejo
зи́мний /3	de invierno

знако́миться *II нсв* (*св* познако́миться) /1	conocer a alguien, presentarse
знако́мый /1	conocido
золото́й /8	de oro
зуб /9	diente, muela

И

игру́шка /10	juguete
имени́ны *мн.ч.* /3	día onomástico, día del santo
интересова́ться *I нсв* /4	interesarse
искупа́ться *I св* (*нсв* купа́ться) /10	bañarse
ию́ль *м.р.* /3	julio
ию́нь *м.р.* /3	junio

К

календа́рь *м.р.* /2	calendario
ка́пля /5	gota
ка́рий (-ие) /5	castaño (color de ojos)
карти́на /7	cuadro
ка́сса /6	taquilla
касси́р /4	cajero, -a
като́к /3	pista de patinaje
ка́шель *м.р.* /9	tos
кашта́новый /5	castaño (color de cabellos)
кита́йский /4	chino (adj.)
колле́га *м.р. и ж.р.* /1	colega
кольцо́ /8	anillo
командиро́вка /6	viaje de trabajo, comisión de servicio
коне́ц /10	final, fin
коньки́ *мн.ч.* /3	patines
копе́йка /3	kópek
кори́чневый /5	marrón
коро́ткий /5	corto
кошелёк /2	monedero
креди́тная ка́рточка /5	tarjeta de crédito
кре́сло /2	sillón
крестья́нин /10	campesino
кроссо́вки /5	zapatos deportivos
ку́кла /3	muñeca
кури́ть *II нсв* /4	fumar
ку́рсы /4	cursillos, cursos
ку́ртка /3	cazadora

Л

легко́ /8	fácil (adv.)
лежа́ть *II нсв* /7	estar en posición horizontal
лека́рство /9	medicamento
лета́ть *I нсв* /6	volar, ir en avión
лете́ть *II нсв (св* полете́ть*)* /6	volar, ir en avión
ле́тний /3	de verano
лётчик /4	piloto, aviador
ли́ния /8	línea
лови́ть *II нсв* (ры́бу) /3	pescar
ло́дка /10	barca, lancha
лотере́я /9	lotería
лу́чше /2	mejor
лы́жи *мн.ч.* /3	esquís
лы́сый /5	calvo

М

май /3	mayo
ма́ло /2	poco
март /3	marzo
маршру́т /8	ruta, itinerario
маршру́тное такси́ /8	taxi de línea
ма́сло /1	mantequilla
ме́бель *ж.р., ед.ч.* /7	muebles
мёд /1	miel
медсестра́ /4	enfermera
междунаро́дный /6	internacional
меня́ть *I нсв (св* поменя́ть*)* /7	cambiar
меха́ник /4	mecánico
мечта́ть *I нсв* /4	soñar, ilusionarse por algo
миллио́н /3	millón
мла́дший /1	menor
мно́го /2	mucho
музыка́нт /4	músico
мяч /3	pelota

Н

наконе́ц-то /1	¡por fin!
нале́во /8	a la izquierda (ir)
напра́во /8	a la derecha (ir)
напро́тив /7	enfrente
на́сморк /9	resfriado, mucosidad

настрое́ние /9	humor, estado de ánimo
находи́ться *II нсв* /8	situarse, encontrarse
нача́ло /3	comienzo, principio
нева́жно /6	bastante mal
нельзя́ /4	no se puede, prohibido
не́сколько /8	unos, algunos, varios, unos cuantos
ни́зкий /8	bajo
никогда́ /7	nunca
никто́ /6	nadie, ninguno
никуда́ /6	a ninguna parte
ничего́ /7	no tiene importancia, nada
нога́ /9	pie, pierna
нос /9	nariz
ночно́й /7	nocturno
ноя́брь *м.р.* /3	noviembre

О

обме́н /7	cambio
объясни́ть *II св* (*нсв* объясня́ть) /7	explicar
огоро́д /10	huerto
оде́жда /5	ropa
одна́жды /6	un día, una vez
о́коло /2, 7	cerca de, al lado de
окра́ина /8	extremo (de una ciudad), periferia
октя́брь *м.р.* /3	octubre
основа́ть *св* /8	fundar
остана́вливаться *I нсв* (*св* останови́ться) /7	hospedarse, alojarse
останови́ться *II св* (*нсв* остана́вливаться) /7	hospedarse, alojarse
о́стров /8	isla
открыва́ть *I нсв* (*св* откры́ть) /6	abrir, inaugurar
откры́ть *I св* (*нсв* открыва́ть) /3, 6	descubrir, abrir, inaugurar
отме́тка /4	nota (en los estudios)
о́тпуск /3	vacaciones (de trabajadores)

П

парикма́хер /4	peluquero, -a
пассажи́р /6	pasajero
певе́ц (певи́ца) /4	cantante
пе́ние /2	canto
передава́ть *I нсв* (*св* переда́ть) /10	decir, transmitir, comunicar
переда́ть *св* (*нсв* передава́ть) /10	decir, transmitir, comunicar
переду́мать *I св* /4	cambiar de idea, de opinión

переме́на /4	recreo, descanso
переса́дка /8	trasbordo (en un viaje)
персона́ж /5	personaje
перча́тка /5	guante
пинг-по́нг /3	tenis de mesa
пла́вание /10	natación
пла́вать I нсв /10	nadar
план /7	plano
плати́ть II нсв (св заплати́ть) /3	pagar
племя́нник, племя́нница /2	sobrino, sobrina
по́вар /4	cocinero, -a
поверну́ть I св /8	girar
пове́сить II св /7	colgar
подожда́ть I св (нсв ждать) /10	esperar
подписа́ться I св /5	firmar
позва́ть I св (нсв звать) /10	llamar
поздоро́ваться I св (нсв здоро́ваться) /1	saludar
поздравля́ть I нсв (св поздра́вить) /3	felicitar
познако́миться II св (нсв знако́миться) /1	conocer a alguien, presentarse
поку́пка /2	compra
по́ле /10	campo
поле́зно /5	es útil, es sano
по́лный /5	grueso, relleno
полови́на /10	mitad
положи́ть II св /7	colocar, poner (horizontalmente)
получа́ть I нсв (св получи́ть) /2	recibir
получи́ть II св (нсв получа́ть) /2	recibir (algo)
поменя́ть I св (нсв меня́ть) /7	cambiar
по́мнить II нсв /1	recordar, tenerlo en la memoria
попроси́ть II св (нсв проси́ть) /2	pedir
попроща́ться I св (нсв проща́ться) /1	despedirse
популя́рный /8	popular
посети́ть II св (нсв посеща́ть) /8	visitar (lugar)
посеща́ть I нсв (св посети́ть) /8	visitar (lugar)
по́сле /4	después de
посове́товать I св (нсв сове́товать) /5	aconsejar
посо́льство /5	embajada
поста́вить II св /7	colocar (verticalmente)
поступа́ть I нсв (св поступи́ть) /4	ingresar
поступи́ть II св (нсв поступа́ть) /4	ingresar (en la escuela, en la universidad)
поцелова́ть I св (нсв целова́ть) /7	besar
почтальо́н /4	cartero, -a
почти́ /8	casi

почу́вствовать (себя́) I *св* (*нсв* чу́вствовать себя́) /9	sentir(se)
пра́здник /3	fiesta
пра́здновать I *нсв* /3	celebrar
предме́т /4	asignatura
преподава́ть I *нсв* /4	enseñar, dar clases
приезжа́ть I *нсв* (*св* прие́хать) /7	llegar, venir (en un vehículo)
прилета́ть I *нсв* (*св* прилете́ть) /6	llegar en avión
прилете́ть II *св* (*нсв* прилета́ть) /6	llegar en avión
принима́ть (лека́рство) I *нсв* (*св* приня́ть) /9	tomar (medicamento)
приня́ть (лека́рство) I *св* (*нсв* принима́ть) /9	tomar (medicamento)
прия́тно /9	es agradable, da gusto
провести́ I *св* (*нсв* проводи́ть) /10	pasar (el tiempo)
провожа́ть I *нсв* (*св* проводи́ть) /6	acompañar
проигра́ть I *св* /10	perder (en el juego)
проси́ть II *нсв* (*св* попроси́ть) /2	pedir
про́сто /1	simplemente, sencillamente
проща́ться I *нсв* (*св* попроща́ться) /1	despedirse
пря́мо /4, 8	directamente, recto, derecho (ir)
пти́ца /2	pájaro
путеше́ствие /10	viaje
путеше́ствовать I *нсв* /7	viajar
пятёрка /4	excelente (nota)
пятьсо́т /3	quinientos

Р

рад (-а, -ы) /1	encantado, me alegro mucho
разгова́ривать I *нсв* /4	conversar, hablar
ра́зный /8	diferente
разреши́ть II *св* /8	permitir
райо́н /8	distrito, barrio
расска́з /1	relato
ребя́та *мн.ч.* /6	chicos, muchachos, chavales
реда́кция /4	redacción (de un periódico)
рейс /6	vuelo
репортёр /4	reportero
реце́пт /9	receta
реша́ть I *нсв* (*св* реши́ть) /2	decidir
реши́ть II *св* (*нсв* реша́ть) /2	decidir
роди́ться II *св* /3	nacer
ро́дственник /5	pariente
Рождество́ /3	Navidad
рост /5	estatura, talla

рот /9	boca
рубль *м.р.* /3	rublo
рука́ /9	mano, brazo
ру́сый /5	castaño claro (cabellos)
рыба́к /2	pescador
рыба́лка /3	pesca
ры́жий /5	pelirrojo

С

сади́ться *II нсв* (*св* сесть) /5	sentarse, tomar asiento
самолёт /6	avión
са́мый /8	el más
сапо́г /5	bota alta
свет /7	luz
светло́ /9	está claro (hay luz)
све́тлый /5	claro, luminoso
сви́тер /5	suéter, jersey
сдава́ть экза́мен *I нсв* (*св* сдать) /4	examinarse
сдать экза́мен *св* (*нсв* сдава́ть) /4	aprobar examen
сеа́нс /10	sesión
седо́й /5	canoso
семьсо́т /3	setecientos
сентя́брь *м.р.* /3	septiembre
се́рдце /9	corazón
середи́на /3	mitad, medio
се́рый /3	gris
сесть *I св* (*нсв* сади́ться) /10	sentarse
сиде́ть *II нсв* /2	estar sentado
ски́дки *м.ч.* /3	rebajas
ско́лько /2	cuánto
ско́рая по́мощь /9	ambulancia
скри́пка /4	violín
ску́чно /9	aburrido, estar aburrido
сла́дкий /3	dulce (adj.)
сле́ва (от) /7	a la izquierda (de)
сле́дующий /1	siguiente
слу́жба приёма /7	recepción
слы́шать *II нсв* (*св* услы́шать) /2	oír
смешно́ /9	da risa, es para reír
смея́ться *нсв* /9	reír, reirse
сно́ва /6	de nuevo
спорти́вный /5	deportivo

спортсме́н, -ка /9	deportista
спра́ва (от) /7	a la derecha (de)
спра́вочная /6	oficina de información
сра́зу /6	en seguida
сре́дний /5	medio, mediano
сре́дняя шко́ла /4	educación secundaria
ста́нция /8	estación de metro
стари́нный /8	antiguo
ста́рший /1	mayor
стать I *св* /4	llegar a ser, hacerse
сто́ить II *нсв* /3	costar, valer
столи́ца /8	capital, metrópoli
стоя́нка /6	parada de taxi
стоя́ть II *нсв* /7	estar en posición vertical
стра́шно /9	da miedo, tener miedo
стюарде́сса /6	azafata
счёт /10	tanteo

Т

тако́й /8	tan
тала́нтливый /4	talentoso, de talento
тамо́жня /6	aduana
та́почки *мн.ч.* /5	zapatillas de casa
те́ло /9	cuerpo
темно́ /9	está oscuro
тёмный /5	oscuro
теплохо́д /10	crucero, barco
тётя /2	tía
те́хникум /4	escuela de peritaje
ти́хо /4	sin ruido, silenciosamente
тишина́ /3	silencio
това́рищ /1	compañero
тогда́ /1	entonces
то́лстый /5	gordo
то́лько что /6	ahora mismo, hace un momento
то́лько /2	solamente, sólo
тот (та, то, те) /3	aquel (aquella, aquello, aquellos)
тра́нспорт /8	transporte
три́ста /3	trescientos
тро́йка /4	suficiente (nota)
ты́сяча /3	mil
тяжёлый /6	pesado

У

увидеться *II св* (*нсв* видеться) /6	verse
у́гол /2	rincón
удо́бный /7	cómodo, confortable
у́дочка /3	caña de pescar
уезжа́ть *I нсв* (*св* уе́хать) /10	marcharse (en transporte)
уе́хать *I св* (*нсв* уезжа́ть) /10	irse, marcharse (en transporte)
у́зкий /8	estrecho
узнава́ть *I нсв* (*св* узна́ть) /6	reconocer a alguien, informarse
узна́ть *I св* (*нсв* узнава́ть) /5, 6	reconocer a alguien, informarse
уйти́ *I св* (*нсв* уходи́ть) /10	irse, marcharse (a pie)
укра́сть *I св* /5	robar
улета́ть *I нсв* (*св* улете́ть) /10	marcharse (en avión)
улете́ть *II св* (*нсв* улета́ть) /10	marcharse (en avión)
улыбну́ться *I св* (*нсв* улыба́ться) /2	sonreír(se)
умере́ть *I св* /3	morir
университе́тский /4	universitario (adj.)
услы́шать *II св* (*нсв* слы́шать) /2	oír
усы́ *мн.ч.* /5	bigote
уха́ /9	ujá (sopa rusa de pescado)
у́хо (у́ши) /9	oreja
уходи́ть *II нсв* (*св* уйти́) /10	irse, marcharse (a pie)
учёба /4	estudios
уче́бный год /4	año académico
учёный /3	científico (sust.)
учи́лище /4	escuela de formación profesional

Ф

февра́ль *м.р.* /3	febrero
фра́за /2	frase

Х

хала́т /5	bata
хи́мик /4	químico (sust.)
хокке́й /3	hockey
холл /7	hall
хотя́ /9	aunque
худо́й /5	delgado, flaco

Ц

цвет /3	color
цветно́й /7	de color
целова́ть I нсв (св поцелова́ть) /7	besar
центр /6	centro
цифрово́й /3	digital

Ч

четвёрка /4	bien (nota)
че́тверть ж.р. /10	cuarto, cuarta parte
четы́реста /3	cuatrocientos
число́ /3	fecha
чи́стый /7	limpio
чу́вствовать (себя́) I нсв (св почу́вствовать себя́) /9	sentir(se)

Ш

ша́пка /5	gorro
шарф /3	bufanda
шестьсо́т /3	seiscientos
ше́я /9	cuello
широ́кий /8	ancho
шоссе́ /10	carretera, autovía
шу́ба /5	abrigo de pieles
шум /2	ruido
шу́мно /9	hay ruido, ruidosamente

Э

экономи́ст /4	economista
экску́рсия /4	excursión, visita (de una ciudad)
экскурсово́д /7	guía

Ю

ю́бка /5	falda

Я

янва́рь м.р. /3	enero
я́сли мн.ч. /4	guardería

Русский язык

Ruso para hispanohablantes
cuaderno de ejercicios 2

1.1 Пишите. Давайте повторим.

Образец: кни́га – _кни́ги_

1. врач - _____
2. письмо́ - _____
3. журна́л - _____
4. мать - _____
5. тетра́дь - _____
6. дере́вня - _____
7. семья́ - _____
8. стул - _____
9. челове́к - _____
10. сестра́ - _____

1.2. Давайте поговорим. ДАВА́ЙТЕ ПОЗНАКО́МИМСЯ!

- Дава́йте познако́мимся. Разреши́те предста́виться, меня́ зову́т …
- О́чень прия́тно. А меня́ …
- Скажи́те, пожа́луйста, …

1. Как ва́ша фами́лия?
2. Вы рабо́таете и́ли у́читесь?
3. На како́м факульте́те вы у́читесь?
4. Каки́е языки́ вы зна́ете?
5. Как вы прово́дите свобо́дное вре́мя?
   Что вы де́лаете в суббо́ту и воскресе́нье?
6. Вы лю́бите ката́ться на велосипе́де, на лы́жах, на конька́х, на ро́ликах?
7. Вы уме́ете игра́ть в ша́хматы?
8. У вас есть ко́шка и́ли соба́ка?
9. Вы ча́сто хо́дите в рестора́ны? Каку́ю ку́хню вы лю́бите: испа́нскую, катало́нскую, италья́нскую, япо́нскую, кита́йскую, францу́зскую, ру́сскую…?
10. Како́е ва́ше люби́мое блю́до?

1.3 Пишите. ЧИТА́ТЬ или ПРОЧИТА́ТЬ?

чита́ть - *прочита́ть*, покупа́ть - купи́ть, за́втракать - поза́втракать,
писа́ть - написа́ть, игра́ть – сыгра́ть, смотре́ть – посмотре́ть, идти́ – пойти́,
спра́шивать – спроси́ть, отвеча́ть - отве́тить

Образец:
Никола́й полго́да *чита́л* «Дон Кихо́та». Сего́дня, наконе́ц, он *прочита́л* его́.

1. Обы́чно мы _____ до́ма, а сего́дня мы _____
   в кафе́.

2. Когда́ они́ _____ фильм, они́ _____ домо́й.

3. Когда́ Ива́н _____ сочине́ние, его́ друзья́ _____
   на компью́тере.

4. Обы́чно я _____ проду́кты у́тром, а сего́дня я
   _____ хлеб и молоко́ ве́чером.

5. -Са́ша, я с тобо́й **разгова́риваю.** Почему́ ты мне не _____ ? -
   _____ Ни́на.
   -Извини́, я тебя́ не слу́шал, - _____ Са́ша.

1.4 Пишите. Давайте повторим. КУ́ПИШЬ? – КУПЛЮ́.

1. -Ты *ку́пишь* э́ту кни́гу?   - *Куплю́*   .

2. -Ты спро́сишь их об э́том?   - _____ .

3. -Ты ему́ ска́жешь об экза́мене?   - _____ .

4. -Ты мне помо́жешь?   - _____ .

5. -Ты смо́жешь пойти́ с на́ми?   - _____ .

6. -Ты напи́шешь нам из А́нглии?   - _____ .

7. -Ты отве́тишь, е́сли я напишу́ тебе́? - _____ .

8. -Ты пое́дешь с на́ми в Барсело́ну?   - _____ .

9. -Ты познако́мишься с ней?   - _____ .

10. -Вы договори́тесь пойти́ поу́жинать? - _____ .

1.5 Работа в паре. ОДИ́Н – ОДНА́ - ОДНИ́

Образец: Са́ша – кино́ – Ната́ша
              - Са́ша, ты пойдёшь в кино́ оди́н?
              - Нет, с Ната́шей.

1. Ѝгорь – дискоте́ка – Ни́на
2. Ни́на – спекта́кль – Ѝгорь
3. Ма́ша и Да́ша – цирк – де́душка
4. Ма́ша – в го́сти – дочь
5. Степа́н – фа́брика – **това́рищ**

1.6 Что с чем?

1. Как пи́шется?	А. Repita, por favor.
2. Повтори́те, пожа́луйста.	Б. ¿Qué quiere decir «verbo»?
3. Что тако́е «**зе́ркало**»?	В. Verbos de movimiento.
4. Глаго́лы движе́ния.	Г. Plural.
5. Еди́нственное число́.	Д. Hable más fuerte, por favor.
6. Что зна́чит «глаго́л»?	Е. ¿Cómo se escribe?
7. Как произно́сится сло́во «коне́чно»?	Ж. ¿Qué quiere decir «espejo»?
8. Как сказа́ть по-ру́сски «...»?	З. Perfectivo
9. Говори́те, пожа́луйста, ме́дленнее.	И. Singular.
10. Соверше́нный вид.	К. Hable más despacio, por favor.
11. Говори́те, пожа́луйста, гро́мче.	Л. ¿Cómo se pronuncia la palabra «por supuesto»?
12. Мно́жественное число́.	М. ¿Cómo se dice en ruso «...»?

1 – Е, 2 – , 3 – , 4 – , 5 – , 6 – , 7 – , 8 – , 9 – , 10 – , 11– , 12 -

1.7 Пишите. ГЛАГО́ЛЫ ДВИЖЕ́НИЯ

а) ИДТИ́ или Е́ХАТЬ?

1. - Здра́вствуй, Ни́на! Куда́ ты _____*идёшь*_____?
   - Здра́вствуйте, Маргари́та Петро́вна, я _____ домо́й.
   - А почему́ пешко́м?
   - Мне сказа́ли, что метро́ не рабо́тает.

2. - Ната́ша, ты _____ со мной?
   - А ты сего́дня на маши́не?
   - Да.
   - Тогда́ _____ с тобо́й.

3. На рабо́ту мои́ роди́тели _____ на маши́не вме́сте, потому́
что они́ рабо́тают на одно́й фа́брике. Но домо́й ма́ма _____
на по́езде, потому́ что па́па конча́ет рабо́тать о́чень по́здно.

б) ИДТИ́ или ХОДИ́ТЬ?

1. - Куда́ вы _идёте_ , Степа́н Тара́сович?
   - В бассе́йн. Я ка́ждое у́тро _____ в бассе́йн.

2. - Сего́дня я _____ в шко́лу пешко́м, потому́ что, когда́ я не
   опа́здываю, я люблю́ _____ .

3. - Ми́ла, где ты была́ вчера́ ве́чером?
   - _____ на дискоте́ку.
   - По-мо́ему, ты _____ на дискоте́ку ка́ждый день.
   - Что ты, па́па, то́лько в пя́тницу и суббо́ту.
   - Вчера́ ты _____ , позавчера́ то́же _____ .
     Ка́ждый день!
   - Пра́вильно, ведь сего́дня воскресе́нье.

1.8 Работа в паре. С ЧЕМ?

Каки́е бутербро́ды вы лю́бите? Како́й ко́фе вам нра́вится?
А с чем вы пьёте чай?

Я люблю́ бутербро́ды _с сы́ром_ , _____
Мне нра́вится ко́фе с _____
Я пью чай с _____

ма́сло

мёд

1.9 Слушайте. КТО С КЕМ? Отме́тьте "**X**" в табли́це.

	поздоро́вались	попроща́лись	договори́лись	познако́мились
1. Ива́н и Ма́ша				
2. Серге́й Ива́нович и Ко́ля				
3. О́ля и Све́та				
4. Анто́н И́горевич и сеньо́р Гонса́лес				

1.10 А и Б. (Complete las frases con ayuda de su compañero)

СТУДЕНТ **А** (СТУДЕНТ **Б** – стр. 198)

Образец:

Студе́нт А:

В класс пришёл но́вый преподава́тель.
Мы познако́мились _____

Студе́нт Б:

... с но́вым преподава́телем.

1. У меня́ есть друг.
   Вчера́ я обе́дал _____

2. У тебя́ есть мла́дший брат.
   Ты ча́сто игра́ешь _____

3. Твой оте́ц прие́хал в Москву́.
   Мы ходи́ли в Кремль _____

4. Э́то но́вая студе́нтка.
   Макси́м договори́лся пойти́ в кино́ _____

5. Э́то мой колле́га.
   Журнали́ст говори́т _____

1.11 Напишите **расска́з**.

Сего́дня пя́тница. Никола́й, ко́нчить, рабо́та, 7 часо́в. Он, позвони́ть, своя́ подру́га, Алёна. Они́, договори́ться, пойти́, кино́, 9, час, ве́чер. 9, час, Никола́й, прийти́, кинотеа́тр. Вдруг, он, услы́шать: «Кака́я **встре́ча**!». Это, быть, его́, ста́рый, друг, Макси́м. Никола́й, поздоро́ваться, Макси́м, и, де́вушка, кото́рая, прийти́, вме́сте, он. «Ты знако́м, Ната́ша?» - спроси́ть, Макси́м. –«Ещё нет. О́чень рад, вы, познако́миться», - сказа́ть, Никола́й, Ната́ша.

Наконе́ц, прийти́, Алёна. Она́, познако́миться, Макси́м и Ната́ша. Они́, договори́ться, пое́хать вме́сте, за́ город, суббо́та. Никола́й и Алёна, попроща́ться, Макси́м и Ната́ша, и пойти́, смотре́ть, фильм.

Сегодня пятница. Николай кончил работу в 7 часов.
_____
_____
_____
_____
_____
_____
_____
_____
_____
_____
_____

1.12 Переведите.

1. - ¿Nos conocemos?
   - Sí, usted se llama Jorge. Nos conocimos en una fiesta en la Universidad.
_____
_____

2. Natasha conoció al nuevo estudiante español que se llama Oscar.
_____
_____

3. Los amigos han quedado en ir por la noche a la discoteca.
_____

4. Permítame que me presente. Soy vuestro nuevo director. Me llamo Igor Borisovich Makarov.

_____

_____

5. Lo siento, no puedo ir con vosotros al campo (fuera de la ciudad). Tengo un examen el lunes.

_____

_____

6. Ya son las 11 de la noche. Es hora de irnos, Katya. Marina tiene sueño, mañana tiene que levantarse temprano.

_____

_____

7. Estamos encantados de conocerle.

_____

8. Me llamo Mikhail. Me puede llamar Misha.

_____

9. Sergio y Ana saludaron a su nueva vecina.

_____

10. ¿No se acuerda de mí? Nos conocimos el año pasado en España.

_____

_____

1.13 Напиши́те сочине́ние «Разреши́те предста́виться!»

1.10   А и Б. (Complete las frases con ayuda de su compañero)

СТУДЕНТ **Б** (СТУДЕНТ **А** – стр. 195)

Образец:

Студе́нт Б: *Студе́нт А*:

На ве́чер пришла́ краси́вая де́вушка.

Пётр танцу́ет _____   *… с краси́вой де́вушкой.*

1. На уро́к пришёл ру́сский ма́льчик.
   Де́ти разгова́ривали _____

2. Я ви́дела твою́ подру́гу.
   Вчера́ мы обе́дали _____

3. Здесь рабо́тает де́тский врач.
   Вчера́ мать Ми́ши говори́ла _____

4. На заво́де рабо́тает молодо́й испа́нский фи́зик.
   Тара́с Бори́сович рабо́тает вме́сте _____

5. В на́шем клу́бе мы слу́шали изве́стного ру́сского поли́тика.
   Когда́ ко́нчилась ле́кция, мы попроща́лись _____

2.1 А и Б. У ТЕБЯ ЕСТЬ?..

СТУДЕНТ А (СТУДЕНТ **Б** – стр. 206)

Образец:

А. - У меня́ есть *газе́та*, а у тебя́?

Б. - А у меня́ *нет газе́ты.*

А. - У меня́ есть *журна́л*, а у тебя́?

Б. - *И* у меня́ *есть журна́л.*

2.2 Что с чем?

1. *Когда́ она́ придёт домо́й,*
2. Обы́чно, когда́ мой оте́ц за́втракает
3. Е́сли ты напи́шешь мне по электро́нной по́чте,
4. Когда́ мы пое́дем на юг,
5. Когда́ уро́ки конча́ются,
6. Когда́ уро́ки ко́нчились,
7. Е́сли за́втра бу́дет хоро́шая пого́да,

а) студе́нты пошли́ пить пи́во в бар.

б) *её де́ти уже́ бу́дут спать.*

в) мы вме́сте идём пешко́м домо́й.

г) он слу́шает после́дние но́вости по телеви́зору.

д) Ни́на Все́володовна пое́дет с до́черью за́ город.

е) мы бу́дем купа́ться в мо́ре ка́ждый день.

ж) я тебе́ обяза́тельно отве́чу.

1. - б, 2. -   , 3. -   , 4. -   , 5. -   , 6. -   , 7. -   .

2.3 РА́НЬШЕ и ТЕПЕ́РЬ. а) Работа в паре.

Образец:
- Ра́ньше на на́шей у́лице не́ было *рестора́на*.
- А тепе́рь здесь есть *рестора́н*.

рестора́н, по́чта, апте́ка, магази́н, кио́ск, библиоте́ка, гости́ница, музе́й.

б) Читайте и пишите.

Сейча́с Степа́ну Арка́дьевичу шестьдеся́т лет. Он дире́ктор ба́нка, у него́ есть *кварти́ра* в це́нтре Москвы́, автомоби́ль «Мерсе́дес», да́ча, дом в Испа́нии.

Есть у него́ и *жена́*, и дочь, и друг – президе́нт америка́нского ба́нка. У него́ есть всё. Но нет у него́ свобо́дного вре́мени, а ра́ньше, когда́ ему́ бы́ло 20 лет, у него́ бы́ло свобо́дное вре́мя, но не́ было ни *кварти́ры*, ни _____

_____

_____

2.4 Пишите. БЫТЬ, НЕ́ БЫЛО, НЕТ, НЕ БУ́ДЕТ

Образец: - Кого́ __*нет*__ в кла́ссе?
            - Все здесь.

1. Сего́дня на уро́ке _____ Хуа́на и Мари́ны.
2. - Когда́ твои́ роди́тели _____ до́ма?
   - Ве́чером, когда́ ко́нчат рабо́ту.
3. - Мо́жете идти́ домо́й, уро́ка _____ .
4. - Кто вчера́ _____ на ле́кции?
   - Из на́шей гру́ппы _____ то́лько Ма́ша.

2.5 Работа в паре. ЧЕЙ ЭТО РОМА́Н?

Образец:
- Как называ́ется э́та кни́га?
- «Бра́тья Карама́зовы».
- А кто а́втор э́той кни́ги?
- Достое́вский. «Бра́тья Карама́зовы» э́то **рома́н** Достое́вского.

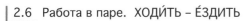 2.6 Работа в паре. ХОДИ́ТЬ – Е́ЗДИТЬ

а)

Образец:
- Что ты лю́бишь де́лать в свобо́дное вре́мя?
- Я хожу́ *в спортза́л*.

А теперь вы:

спортза́л, кино́, теа́тр, о́пера, вы́ставки, дискоте́ка, интерне́т-кафе́, бассе́йн, пляж, лес

б)

Образец: - Где ты обы́чно прово́дишь кани́кулы?
             - Я е́зжу *в го́ры*..

<u>А тепе́рь вы:</u>

го́ры, Средизе́мное мо́ре, Москва́, Мадри́д, **за грани́цу**, Евро́па, Росси́я, дере́вня, да́ча

в)

- А я никуда́ не хожу́ и не е́зжу.
  Я люблю́ **сиде́ть до́ма**.

2.7   Пишите.   О́ЧЕНЬ или МНО́ГО?

1. Я _____ уста́л, потому́ что _____ рабо́тал.

2. Ва́ня не _____ хо́чет есть, потому́ что он съел _____ шокола́да.

3. У меня́ _____ свобо́дного вре́мени и ма́ло де́нег.

4. Ната́ша _____ лю́бит чита́ть, и ей не _____ нра́вится слу́шать му́зыку, поэ́тому она́ _____ чита́ет и ма́ло слу́шает му́зыку.

 2.8   Читайте и пишите. КАК СА́ША ХОДИ́Л В МАГАЗИ́Н

оди́н / одна́ / одно́
два / две
три
четы́ре

я́блоко   **гру́ша**   **бана́н**

Одна́жды ма́ма сказа́ла своему́ сы́ну: «Са́ша, пойди́, пожа́луйста, в

магази́н и купи́ ___*оди́н бана́н*___ , _____ ,

_____ . «Мо́жно я куплю́ моро́женое»?

– спроси́л Са́ша. «**Ла́дно**, но то́лько не ешь его́ на у́лице».

Магази́н «О́вощи-фру́кты» был недалеко́ от до́ма. «Что тебе́, ма́льчик?» - спроси́ла продавщи́ца. «Мне... я́блоки, гру́ши, бана́ны, но не по́мню, ско́лько чего́: _____ и́ли _____ ?»

«Тогда́ купи́ _____ , _____ ,

_____ ». «Нет, я куплю́

_____ , _____ ,

_____ ».

Са́ша пришёл домо́й и показа́л **поку́пки** ма́ме. «Извини́, я забы́л, ско́лько чего́ ты хоте́ла. Ма́ма **улыбну́лась**. «Ви́жу, что ты не забы́л купи́ть моро́женое!» Она́ не зна́ла, что Са́ша уже́ съел _____ .

 2.9 Дава́йте поигра́ем. ЧЕГО́ НЕТ?

Образец: На пе́рвой карти́нке *на столе́ лежи́т кни́га*, на второ́й карти́нке *на столе́ нет кни́ги*.

2.10 Пишите. КОТО́РЫЙ, КОТО́РОГО, КОТО́РОМУ...

а) Образец: Э́то мой брат. Я вам о нём сейча́с расскажу́.
Э́то мой брат, *о кото́ром* я вам сейча́с расскажу́.

 Э́то моя́ ста́рая маши́на. Я е́зжу на ней за́ город. (1)

_____

Э́то моя́ подру́га. С ней я е́зжу на свое́й ста́рой маши́не. (2)

_____

 Э́то Моско́вский университе́т. Я познако́мился там со свое́й
подру́гой. (3) _____

_____

Вот мой ста́рший брат. Ему́ нра́вится ру́сская литерату́ра. (4)

_____

 Э́то филологи́ческий факульте́т. Там учи́лся мой ста́рший
брат. (5) _____

_____

Вот ко́мната моего́ бра́та. У него́ есть отли́чный но́вый
компью́тер. (6) _____

_____

 Вот компью́тер. На нём мой брат пи́шет рабо́ту о Турге́неве. (7)

_____

Э́то писа́тель Турге́нев. Я его́ ещё не чита́л. (8)

_____

б) Пишите.

Это моя́ ста́рая маши́на, на кото́рой я е́зжу за́ город с   *моéй подру́гой* ,

с кото́рой я познако́мился в Москве́, _____ _____ ,

в кото́ром учи́лся мой _____ _____ , кото́рому

нра́вится ру́сская литерату́ра и у кото́рого есть отли́чный _____

_____ , на кото́ром он пи́шет рабо́ту _____

_____ _____ , кото́рого я не чита́л. Но

обяза́тельно прочита́ю.

2.11 Читайте и пишите. ПОВТОРИ́ТЕ ПАДЕЖИ́

Разреши́те предста́виться! (*1 - я*) зову́т Фёдор, я ру́сский, но моя́ семья́ живёт (2 - Мадри́д, Испа́ния). (3 - мой оте́ц) зову́т Ю́рий Все́володович, он рабо́тает (4 - Автоно́мный университе́т), а мать, О́льга Семёновна, рабо́тает (5 - хими́ческая лаборато́рия). Мои́ роди́тели о́чень мно́го рабо́тают, и я неча́сто ви́жу (6 - они́). У них нет (7 - свобо́дное вре́мя), и то́лько выходны́е дни мы прово́дим вме́сте: е́здим за́ город и́ли хо́дим (8 - музе́и, вы́ставки, кино́). (9 - я) уже́ шестна́дцать лет, и я бо́льше люблю́ ходи́ть в кино́ (10 - мой друг Анто́нио) и́ли (11 - моя́ подру́га Мари́на).

(12 - мой оте́ц) есть сестра́: моя́ тётя, Ни́на Все́володовна. Тётя живёт в Росто́ве-на-Дону́ вме́сте (13 - мой **дя́дя** и моя́ **двоюро́дная** сестра́ Ка́тя). В про́шлом году́, ле́том, тётя Ни́на и Ка́тя бы́ли у нас в Мадри́де.

1. *меня́* _____
2. _____
3. _____
4. _____
5. _____
6. _____
7. _____
8. _____
9. _____
10. _____
11. _____
12. _____
13. _____

2.1 А и Б. У ТЕБЯ ЕСТЬ?..

СТУДЕНТ **Б** (СТУДЕНТ **А** – стр. 199)

Образец:

Б. - У меня́ есть *соба́ка*, а у тебя́?
А. - А у меня́ *нет соба́ки.*

Б. - У меня́ есть *журна́л*, а у тебя́?
А. - И у меня́ *есть журна́л.*

Задание А: Выберите правильный ответ.

Здравствуйте! Меня зовут Мария, а -1- зовут Максим. Я познакомилась -2- давно, четыре года назад, когда я была в Новгороде. Там я познакомилась и -3- . Я расскажу вам -4- .

У моего друга есть два -5- . -6- есть жена и сын. Младший брат и сестра живут -7- , а Максим живёт -8- . К сожалению, я не смогла -9- с его сестрой, которая в это время училась -10- .

Сейчас Максим в Барселоне. Я хочу показать ему Каталонию, но у меня нет -11- . Я договорилась со своей подругой, -12- есть машина, поехать в Фигерас посмотреть музей Дали, а потом поехать на море.

Мы поехали все вместе и прекрасно провели время.

1. а) мой друг   б) моему другу   в) моего друга   г) с моим другом

2. а) его   б) с ним   в) ему   г) с ней

3. а) его семью   б) с его семьёй   в) со своей семьёй   г) свою семью

4. а) о ней   б) его   в) с ней   г) их

5. а) брата и сестра   б) братья и сёстры   в) брат и сестра   г) брата и сестры

6. а) старший брат   б) старшему брату   в) у старшего брата   г) со старшим братом

7. а) отца и матери   б) отцу и матери   в) отец и мать   г) с отцом и матерью

8. а) с ними   б) один   в) одна   г) у него

9. а) попрощаться   б) представиться   в) встречать   г) познакомиться

10. а) в Московский университет   б) Московского университета
    в) о Московском университете   г) в Московском университете

11. а) машина   б) машину   в) машине   г) машины

12. а) которая   б) с которой   в) у которой   г) которую

Задание Б. Прочитайте диалоги. Напишите нужное слово.

о́чень ра́да	*познако́мились*	*договори́лись*
разреши́те предста́виться		*попроси́те*
о́чень рад	*попроща́лся*	*знако́мы*

13. - Пётр Па́влович.
    - Ка́тя. _____ с ва́ми познако́миться.

14. - У вас есть видеофи́льм «Тита́ник»?
    _____ у Ната́ши, у неё есть.

15. - По-мо́ему, мы _____ .
    - Ве́рно, мы с ва́ми познако́мились в Пари́же, на вы́ставке.

16. - Никола́й, пое́дем в суббо́ту за́ город?
    - Хорошо́, _____ .

17. - Са́ша, ты уже́ _____ с де́душкой?
    - До свида́ния, де́душка!
    - Всего́ хоро́шего, Са́шенька!

3.1 Давайте поиграем. ЛОТО́

СТУДЕНТ **А** (СТУДЕНТ **Б** – стр. 214)

Образец:
А: *А 1?*
Б: *12.*

	А	Б	В	Г	Д
1		19		17	
2	53		79		36
3		582		430	
4	1002		2004		7548
5		31 445		42 712	

3.2 Э́ТОТ или ТОТ?

Образец: Ско́лько сто́ит ___*эта*___ газе́та, а ___*та*___ ?

1. Мне не нра́вится ни _____ рестора́н, ни _____ .
2. Покажи́те, пожа́луйста, вон _____ игру́шку.
3. Мы всегда́ смо́трим _____ переда́чу.
4. - Ви́дишь вон _____ де́вушку?

   - Каку́ю?

   - _____ , кото́рая покупа́ет журна́л.

3.3 СТОЯ́ТЬ или СТО́ИТЬ? (Ponga el acento en los verbos.)

1. Я не зна́ю, ско́лько ___*сто́ила*___ руба́шка, кото́рую мне подари́л мой муж.
2. Почему́ здесь _____ э́тот стул? Он до́лжен _____ в кабине́те.
3. Но́вый компью́тер _____ о́чень до́рого.
4. Ско́лько _____ поу́жинать в э́том рестора́не?
5. Ну что мы _____ на у́лице? Дава́йте пойдём в кафе́.

СТОЯ́ТЬ *где?*	
я	стою́
ты	стои́шь
он	_____
мы	_____
вы	_____
они	_____
пр. вр. стоя́л, -а, -о, -и	

3.4 ИГРА́ТЬ НА ЧЁМ? или ИГРА́ТЬ ВО ЧТО?

1. Ты уме́ешь игра́ть _____*в шахматы*_____ (ша́хматы)?
2. Мне нра́вится игра́ть _____ (**хокке́й**).
3. Кто так хорошо́ игра́ет _____ (пиани́но)?
4. Мой брат отли́чно игра́ет _____ (гита́ра).
5. Я люблю́ игра́ть и _____ (те́ннис),
   и _____ (**пинг-понг**).

3.5 Давайте поговорим.

ЗНА́КИ ЗОДИА́КА

а) КТО ВЫ ПО ГОРОСКО́ПУ?

- *Мо́нтсе, кто ты по гороско́пу?*
- *Я Козеро́г, а ты?*

А теперь вы:

твоя́ сестра́, твой друг…

б) УЗНА́ЙТЕ, КТО ПО ГОРОСКО́ПУ ВАШИ ТОВА́РИЩИ (Averigüe de qué horóscopo son sus compañeros)

- В како́м ме́сяце ты роди́лся (родила́сь)?
- В январе́.
- А како́го числа́?
- Двадца́того января́.
- Зна́чит, ты по гороско́пу Козеро́г.

Козеро́г
23 декабря́ -
20 января́

Водоле́й
21 января́ -
19 февраля́

Ры́бы
20 февраля́ -
20 ма́рта

О́вен
21 ма́рта -
20 апре́ля

Теле́ц
21 апре́ля -
21 ма́я

Близнецы́
22 ма́я -
22 ию́ня

Рак
23 ию́ня -
22 ию́ля

Лев
23 ию́ля -
23 а́вгуста

Де́ва
24 а́вгуста -
23 сентября́

Весы́
24 сентября́ -
23 октября́

Скорпио́н
24 октября́ -
22 ноября́

Стреле́ц
23 ноября́ -
22 декабря́

	и́мя	когда́ роди́лся (родила́сь)	знак зодиа́ка
	Монтсе	*20-го января*	*Козерог*
1.			
2.			
3.			

ДА́ТЫ РУ́ССКОЙ ИСТО́РИИ

| ру́сский князь | Чингисхан | Ива́н Гро́зный | Пётр Вели́кий | Никола́й Второ́й |

3.6 а) ЧТО С ЧЕМ?

1. монго́ло-тата́рское и́го
2. Вели́кая Оте́чественная война́
3. Пе́рвая мирова́я война́
4. век
5. князь, княги́ня
6. гражда́нская война́
7. блока́да Ленингра́да
8. распа́д СССР
9. полёт в ко́смос
10. Петербу́рг был осно́ван
11. Олимпи́йские и́гры
12. крестья́нская рефо́рма
13. восста́ние декабри́стов
14. созда́ние СССР
15. Октя́брьская револю́ция
16. Сталингра́дская би́тва
17. пра́вить госуда́рством

а) Petersburgo se fundó
б) príncipe, princesa
в) bloqueo de Leningrado
г) dirigir el estado
д) 1ª Guerra mundial
е) batalla de Stalingrado
ж) Juegos Olímpicos
з) descomposición de la URSS
и) la Revolución de Octubre
к) reforma campesina
л) sublevación decembrista
м) la Gran Guerra Patria
н) yugo de los tártaros y mongoles
о) vuelo al espacio
п) guerra civil
р) creación de la URSS
с) siglo

1. - н 2. -   3. -   4. -   5. -   6. -   7. -   8. -   9. -
10. -   11. -   12.-   13. -   14. -   15. -   16. -   17. -

б)

монго́ло-тата́рское и́го	1240 - 1480
Ива́н Гро́зный (го́ды правле́ния)	1533 - 1584
основа́ние Петербу́рга	1703
Бороди́нская би́тва (война́ с Наполео́ном)	1812
восста́ние декабри́стов	1825
крестья́нская рефо́рма	1861
Никола́й II (го́ды правле́ния)	1894 - 1917
Пе́рвая мирова́я война́ (нача́ло)	1914
Октя́брьская револю́ция	1917
В.И. Ле́нин (го́ды жи́зни)	1870 - 1924
Гражда́нская война́	1918 - 1922
образова́ние СССР	1922
Вели́кая Оте́чественная война́	1941 - 1945
Сталингра́дская би́тва	1942 (ию́ль) - 1943 (февра́ль)
полёт в ко́смос (Юрий Гага́рин)	1961
распа́д СССР	1991

СТУДЕНТ **А** (СТУДЕНТ **Б** – стр. 215)

Образец:

А: В како́м году́ начало́сь монго́ло-тата́рское и́го?
Б: В 1240 –ом году́. (ты́сяча две́сти **сороково́м**)

1. *В како́м году́ начало́сь монго́ло-тата́рское и́го?*   <u>*1240-ом году́.*</u>

2. В како́м году́ ко́нчилось правле́ние Ива́на Гро́зного? _____

3. В како́м году́ Юрий Гагарин полетел в космос?   _____

4. В како́м году́ у́мер Ле́нин?   _____

5. В како́м году́ был образо́ван СССР?   _____

6. В како́м году́ была́ крестья́нская рефо́рма?   _____

<u>А теперь вы.</u>

3.7 ПУ́ШКИН И ЛИЦЕ́Й а) Слушайте. Ответьте на вопро́сы.

1. Где роди́лся Алекса́ндр Серге́евич Пу́шкин?

_____

2. Ско́лько ему́ бы́ло лет, когда́ он на́чал учи́ться в Лице́е?

_____

3. Како́й иностра́нный язы́к прекра́сно знал ма́ленький Пу́шкин?

_____

4. В како́м ме́сяце друзья́ встреча́лись и пра́здновали день Лице́я?

_____

5. Како́го числа́ бы́ло восста́ние декабри́стов?

_____

6. В како́м году́ Пу́шкин написа́л после́днее стихотворе́ние о дне Лице́я?

_____

7. Како́го числа́ у́мер Пу́шкин?

_____

 б) Слушайте. Из после́днего стихотворе́ния Пу́шкина о Лице́е.

Всему́ пора́: уж два́дцать пя́тый раз
Мы пра́зднуем лице́я день заве́тный.
Прошли́ года́ чредо́ю незаме́тной,
И как они́ перемени́ли нас!

3.8 Пишите. КНЯГИ́НЯ О́ЛЬГА

Княги́ня О́льга – ва́жный персона́ж ру́сской исто́рии.
Э́то бы́ло _____ _____
(деся́тый век). О́льга жила́ в дере́вне о́коло го́рода
Пско́ва. Однáжды молодо́й князь И́горь прие́хал

_____ _____

(э́та дере́вня) и уви́дел О́льгу, _____
(кото́рая) о́чень понра́вилась _____ (он). Когда́ И́горь у́мер,
госуда́рством пра́вила О́льга, потому́ что её сын Святосла́в был ещё ма́ленький.
О́льга – пе́рвая ру́сская христиа́нка. _____ _____
_____ _____ (955 год) она́ пое́хала в
Константино́поль и там встре́тилась _____ _____
и _____ _____ (гре́ческий импера́тор, патриа́рх
Константи́н). Патриа́рх рассказа́л _____ (она́) о жи́зни, сме́рти
и воскресе́нии Иису́са Христа́. Но Святосла́в не хоте́л принима́ть христиа́нство.
И то́лько внук _____ (О́льга) князь Влади́мир сде́лал Росси́ю
христиа́нским госуда́рством. Э́то бы́ло _____
_____ _____ _____ (988 год).

Alumno Б

 3.1 Давайте поиграем. ЛОТО́

СТУДЕНТ Б (СТУДЕНТ А – стр. 209)

Образец: Б: *А 2?* А: *53.*		А	Б	В	Г	Д
	1	12		11		16
	2		27		82	
	3	176		296		871
	4		3972		4251	
	5	20 680		96 999		80 367

 3.6 б)

монголо-тата́рское и́го	1240 - 1480
Ива́н Гро́зный (го́ды правле́ния)	1533 - 1584
основа́ние Петербу́рга	1703
Бороди́нская би́тва (война́ с Наполео́ном)	1812
восста́ние декабри́стов	1825
крестья́нская рефо́рма	1861
Никола́й II (го́ды правле́ния)	1894 - 1917
Пе́рвая мирова́я война́ (нача́ло)	1914
Октя́брьская револю́ция	1917
В.И. Ле́нин (го́ды жи́зни)	1870 - 1924
Гражда́нская война́	1918 - 1922
образова́ние СССР	1922
Вели́кая Оте́чественная война́	1941 - 1945
Сталингра́дская би́тва	1942 (июль) - 1943 (февра́ль)
полёт в ко́смос (Ю́рий Гага́рин)	1961
распа́д СССР	1991

СТУДЕНТ **Б** (СТУДЕНТ **А** – стр. 212)

Образец:

Б: В како́м году́ кончило́сь монголо-тата́рское и́го?
А: В 1480-ом году́. (ты́сяча четы́реста **восьмидеся́том**)

1. *В како́м году́ ко́нчилось монголо-тата́рское и́го?*   *1480-ом году́.*

2. В како́м году́ начало́сь правле́ние Ива́на Гро́зного? _____

3. В како́м году́ был осно́ван Петербу́рг? _____

4. В како́м году́ роди́лся Ле́нин? _____

5. В како́м году́ начала́сь Гражда́нская война́? _____

6. В како́м году́ была́ Бороди́нская би́тва? _____

А теперь вы.

4.1 ПРОФÉССИИ

| 1 | 2 | 3 | 4 | 5 | 6 | 7 |

1. Иван рабóтает (1) _____ *продавцóм* _____ , но он хóчет рабóтать
   (4) _____ .
2. Максúм рабóтал (3) _____ , а сейчáс он **безрабóтный**.
3. Семён Пáвлович (2) _____ . Рáньше он рабóтал
   (1) _____ .
4. В дéтстве Марúна мечтáла стать (7) _____
   или (6) _____ .
5. - Кем ты рабóтаешь?
   - (5) _____ в супермáркете.

4.2 Я ТÓЖЕ ХОЧУ́, ЧТÓБЫ...

- Я хочу́ *поéхать в Москву́.*
- Я тóже хочу́, чтóбы *ты поéхал в Москву́.*

1. - Я хочу́ жить в дерéвне.
   - Я тóже хочу́, чтóбы _____.

2. - Мой брат хóчет позвонúть тебé.
   - Я тóже хочу́, чтóбы _____.

3. - Натáша хóчет помóчь тебé.
   - Я тóже хочу́, чтóбы _____.

4. - Я хочу́ хорошó говорúть по-рýсски.
   - Я тóже хочу́, чтóбы _____.

5. - Мои́ друзья́ хотя́т поздрáвить её с днём рождéния.
   - Я тóже хочу́, чтóбы _____.

6. Марúна хóчет прийтú на урóк.
   - Я тóже хочу́, чтóбы _____.

4.3 УЧИ́ТЬ / УЧИ́ТЬСЯ / ИЗУЧА́ТЬ…

учи́ть - вы́учить / учи́ться / изуча́ть / занима́ться / поступа́ть – поступи́ть / сдава́ть – сдать / стать / интересова́ться

1. Мое́й сестре́ 11 лет, она́ ещё _____ в шко́ле. Она́ хо́чет _____ учи́тельницей.

2. Сего́дня у нас была́ контро́льная рабо́та по исто́рии, вчера́ я весь ве́чер _____ да́ты.

3. Наконе́ц-то, я _____ э́то стихотворе́ние.

4. Мы на 2-ом ку́рсе, мы _____ ру́сский язы́к 2 го́да.

5. Бори́с _____ фоне́тикой катало́нского языка́ в лаборато́рии.

6. А́нна че́рез ме́сяц конча́ет шко́лу, она́ бу́дет _____ экза́мены в университе́т, потому́ что она́ хо́чет _____ на экономи́ческий факульте́т.

7. Шко́льники _____ спо́ртом три ра́за в неде́лю.

8. Э́тот молодо́й челове́к _____ в твое́й гру́ппе?

9. - Почему́ ты _____ ру́сским языко́м?
   - Потому́ что я _____ иностра́нными языка́ми.

4.4 НАЧИНА́ТЬ – НАЧИНА́ТЬСЯ

Несоверше́нный вид	Соверше́нный вид
начина́ть конча́ть	нача́ть ко́нчить
начина́ться конча́ться	нача́ться ко́нчиться

1. Э́ти студе́нты _____начали_____ изуча́ть ру́сский язы́к 2 го́да наза́д. Уро́ки ру́сского языка́ _____ в 5 часо́в, а _____ в 7 часо́в ве́чера. Сего́дня преподава́тель _____ уро́к в 7 часо́в 10 мину́т.

2. Вчера́ мы бы́ли на конце́рте. Конце́рт _____
в 7 часо́в. Конце́рт _____ в 11 часо́в ве́чера.
Когда́ певцы́ _____ выступа́ть, мы до́лго
аплоди́ровали.

3. Экза́мены обы́чно _____ в нача́ле ию́ня,
а _____ в конце́ ию́ня.
В э́том году́ заня́тия в шко́ле _____ 5-ого октября́.

4.5 ВО ВРЕ́МЯ или ПО́СЛЕ?

ВО ВРЕ́МЯ чего́?   **ПО́СЛЕ   чего́?**

Образе́ц: _Во время_ **переме́ны** студе́нты обы́чно хо́дят в буфе́т.

1. _____ уро́ка мы до́лго де́лали упражне́ния по грамма́тике.

2. _____ спекта́кля нельзя́ гро́мко разгова́ривать.

3. _____ уро́ка учи́тельница пошла́ домо́й.

4. _____ экза́мена по ру́сскому языку́ студе́нты пое́дут в го́ры.

5. _____ обе́да мы пи́ли испа́нское вино́.

6. _____ учёбы в шко́ле я интересова́лся астроно́мией, поэ́тому
_____ оконча́ния шко́лы я поступи́л на физи́ческий факульте́т.

7. _____ о́тпуска мы сра́зу на́чали рабо́тать.

8. _____ кани́кул мы не занима́лись ру́сским языко́м, потому́ что
мы о́чень уста́ли.

9. Я рабо́таю секретарём, поэ́тому _____ рабо́ты я всё вре́мя сижу́.

4.6 КОГДА́ - ВО ВРЕ́МЯ

Образец: *Когда́ шёл фильм, де́ти сиде́ли* **ти́хо**. (*фильм*)
Во вре́мя фи́льма де́ти сиде́ли ти́хо.

1. Когда́ мы отдыха́ли на Ку́бе, мы познако́мились с о́чень интере́сным челове́ком. (о́тпуск)

   _____

2. Когда́ мой брат учи́лся в университе́те, он е́здил домо́й в Тарраго́ну все вы́ходные. (учёба)

   _____

3. Когда́ мы обе́дали, мы говори́ли о на́ших роди́телях. (обе́д)

   _____

4. Когда́ шёл конце́рт, все слу́шали, а Ва́ня спал. (конце́рт)

   _____

4.7 Слушайте. Заполните таблицу. МО́ЖНО – НЕЛЬЗЯ́

когда	что делать	можно	нельзя
1. во время урока			х
2.	говорить по мобильному телефону		
3. после урока			
4. ————	**курить**		
5.		х	

4.8 ÉЗДИТЬ – БЫТЬ – ПОÉХАТЬ

Образец: - Вы бы́ли в Росси́и?
          - Да, я ___ездил___ туда́ два го́да наза́д.

1. - Ты вчера́ _____ в дере́вню?
   - Нет, я реши́л _____ туда́ в суббо́ту.

2. - Куда́ вы _____ на кани́кулы в про́шлом году́?
   - Снача́ла мы _____ на Мальо́рке, а пото́м, когда́ у жены́ ко́нчился о́тпуск, мы с сы́ном _____ в Вале́нсию, и _____ там неде́лю.

3. Я никогда́ не _____ в Аргенти́не. Я хочу́ _____ туда́ в ма́е, когда́ у меня́ бу́дет о́тпуск.

4. - Где ты _____ про́шлым ле́том?
   - Я _____ в Москву́, как обы́чно.

4.9 Напиши́те фра́зы.

Образец: Суббо́та, А́лла, занима́ться, испа́нский язы́к
          В субботу Алла занимается испанским языком.

1. - Что, интересова́ться, твоя́, ста́ршая, дочь? - Иностра́нные, языки́.
   _____

2. Понеде́льник и среда́, я, ходи́ть, спортза́л, вме́сте, мои́ друзья́.
   _____

3. - Кто, ты, стать, когда́, ко́нчить, университе́т? - Шко́льный, учи́тель.
   _____

4. Ива́н, поступи́ть, филологи́ческий, факульте́т, два, год, наза́д. Он, ко́нчить, университе́т, че́рез, три, год.
   _____

5. - Что, ты, люби́ть, занима́ться, свобо́дное вре́мя? - Ру́сский, язы́к.
   _____

6. Мой де́душка, нра́вится, игра́ть, свой, ма́ленькие, вну́ки.
   _____

5.1   Пишите. КТО ЭТО?

Родственники Тамары

дочь

Тамара

- Ты зна́ешь, кто́ это?
- Коне́чно, э́то *мать* Тама́ры.

5.2 а) У вас есть одна минута. Посмотрите на эту картинку, а потом ответьте на вопросы на странице стр. 228.

 5.3 СМОТРЕЛА или ПОСМОТРЕЛА?

СКАЗКА СИЛЬВА́НЫ[1]

Одна́жды в суббо́ту Ната́ша (*шла - ~~пошла~~*) по у́лице. И вдруг она́ (ви́дела - уви́дела) ма́ленькую се́рую соба́чку с дли́нными уша́ми и коро́тким хвосто́м. Соба́ка сиде́ла на у́лице и (смотре́ла - посмотре́ла) на Ната́шу.

- Как тебя́ зову́т? – (спра́шивала - спроси́ла) Ната́ша у соба́чки. Соба́чка ничего́ ей не (отвеча́ла - отве́тила). Ната́ша се́ла ря́дом с соба́чкой и (говори́ла - сказа́ла):

- У меня́ нет подру́ги. Хо́чешь стать мое́й подру́гой?
Соба́чка посмотре́ла на неё и ничего́ не (говори́ла - сказа́ла). Ната́ша (ду́мала - поду́мала), что соба́чка пло́хо слы́шит и (брала́ - взяла́) её на́ руки и (шла - пошла́) домо́й. Когда́ она́ (приходи́ла - пришла́) домо́й, она́ (гото́вила - пригото́вила) суп и (**дава́ла** - дала́) соба́ке. Соба́ка (е́ла - съе́ла) весь суп и легла́ спать на полу́. Ната́ша смотре́ла на соба́чку и (ду́мала - поду́мала): «Вот я и (встреча́ла - встре́тила) подру́гу».

[1] Э́ту ска́зку написа́ла студе́нтка 2 ку́рса Сильва́на Пе́рес.

5.4 Пишите. ДОЛЖЕН - НУЖЕН

а) ДО́ЛЖЕН, ДОЛЖНА́, ДОЛЖНЫ́ – НУ́ЖНО

1. Мне ___нужно___ купи́ть сы́ну пода́рок. Что ты мне посове́туешь?

2. - Йра, что тебе́ ещё _____ сде́лать сего́дня?
   - Я _____ ко́нчить упражне́ния по францу́зскому.

3. - Игорь Васи́льевич, мы _____ написа́ть сочине́ние?
   - Ива́н_____ , а вам, Све́та, не _____ .
   Вы уже́ мо́жете идти́ домо́й.

4. - Кому́ _____ е́хать в го́род? Я ско́ро пое́ду туда́ на маши́не.
   - Как хорошо́, моя́ жена́ _____ пое́хать в поликли́нику.
   Я ей сейча́с позвоню́, хоро́шо?
   - Коне́чно.

б) НУ́ЖЕН – НУЖНА́ – НУ́ЖНО - НУЖНЫ́

1. И́нна Васи́льевна идёт в магази́н. Ей ___нужно___ пла́тье. А ещё она́
   должна́ купи́ть оде́жду до́чери, сы́ну и му́жу. До́чери _____
   купа́льник, сы́ну _____ кроссо́вки, а му́жу_____
   ле́тняя руба́шка.

2. Фёдору и Серге́ю _____ договори́ться и встре́титься. Фёдору
   _____ кни́га, кото́рая есть у Серге́я, а Серге́ю не ну́жно ничего́.

3. Все лю́ди _____ друг дру́гу. Нам _____ помога́ть
   друг дру́гу.

5.5 Напишите формы повелительного наклонения (Escriba las formas del imperativo):

неопределённая фо́рма	3 лицо́, мно́ж. число́	повели́тельное наклоне́ние
1. говори́ть	говоря́т	говори́ (те)
2. купи́ть	_____	_____
3. написа́ть	_____	_____
4. показа́ть	_____	_____
5. сказа́ть	_____	_____
6. посмотре́ть	_____	_____
7. отве́тить	_____	_____
8. посове́товать	_____	_____
9. договори́ться	_____	_____
10. взять	_____	_____

5.6 ПОПРОСИ́ТЕ, ПОСОВЕ́ТУЙТЕ...

Образец: Попроси́те Ната́шу купи́ть вам газе́ту.
Наташа, купи мне, пожалуйста, газету.

1. Попроси́те И́горя Ива́новича отве́тить на ва́ше письмо́.

_____

2. Посове́туйте Ле́не прочита́ть после́дний рома́н Пеле́вина.

_____

3. Посове́туйте Серге́ю посмотре́ть но́вый францу́зский фильм.

_____

4. Попроси́те Ната́шу показа́ть вам центр го́рода.

_____

 5.7 ПОСМОТРИ! – НЕ СМОТРИ!

Образец: Скажи́ ему! –   *Не говори ему!*

1. Отве́ть на э́то письмо́! - _____

2. Напиши́ Тама́ре! - _____

3. Позвони́ дире́ктору! - _____

4. Покажи́ фотогра́фии! - _____

5. Спроси́ Ива́на! - _____

6. Купи́ биле́ты на сего́дня! - _____

 5.8 Читайте и пишите. ПОВТОРИТЕ ПАДЕЖИ

Ве́чер. Мари́я Фёдоровна и Михаи́л Алекса́ндрович по́сле рабо́ты сидя́т до́ма. Михаи́л Алекса́ндрович смо́трит футбо́л, а Мари́я Фёдоровна расска́зывает:

- Ми́ша, зна́ешь, (*1 - кто*) я встре́тила (*2 - суббо́та*)! Пошла́ я на Арба́т, хоте́ла купи́ть Хуа́ну матрёшку. Иду́ и вдруг слы́шу: «Покупа́йте плака́ты, футбо́лки, матрёшки! То́лько здесь и то́лько у нас!» Смотрю́ и ви́жу: стои́т высо́кий пожило́й мужчи́на, (*3 - седы́е*

волóсы), (4 - длúнная бородá) и (5- усы́). А ря́дом с ним молодáя дéвушка
(6 - джúнсы) и (7 - крáсная футбóлка). Продаю́т рýсские сувенúры. Я спросúла
(8 - дéвушка):

 - «Скóлько стóит э́та матрёшка»?
Онá отвéтила (9 - я):

 - «200 рублéй».
Стою́ я и дýмаю: брать úли не брать? И тут мужчúна говорúт:

 - «Мáша, ты не узнаёшь (10 - я)?»

Э́то был Вáня, пóмнишь (11 - он)? Он рáньше рабóтал (12 - мы) в
университéте, был (13 - профéссор) социолóгии. А тепéрь стал (14 -
продавéц)! Э́та дéвушка – егó дочь, онá (15 - худóжница). Вáня говорúт, что
егó нóвая рабóта (16 - он) óчень нрáвится. Онú с дóчерью помогáют друг
(17 - друг), и врéмя прохóдит бы́стро.

Мúша, почемý ты не слýшаешь? Ты дýмаешь тóлько (18 - футбóл). А я так
хочý поговорúть (19 - ты).

 - Но дорогáя, ты ведь ужé расскáзывала мне (20 - это).

 - Рáзве? Когдá?

 - Сегóдня ýтром, когдá мы зáвтракали.

 - Ой, прáвда! А я и забы́ла.

1. _кого_____
2. _____
3. _____
4. _____
5. _____
6. _____
7. _____
8. _____
9. _____
10. _____
11. _____
12. _____
13. _____
14. _____
15. _____
16. _____
17. _____
18. _____
19. _____
20. _____

5.9 МОЯ СТАРАЯ ПОДРУГА а) Прослушайте текст один раз. А теперь слушайте фразы и напишите ВЕРНО или НЕВЕРНО? (В/Н)

1. ___В___   2. _____   3. _____   4. _____   5. _____   6. _____   7. _____

8. _____   9. _____   10. _____   11. _____   12. _____   13. _____

б) Прослушайте текст второй раз. ОТВЕТЬТЕ НА ВОПРОСЫ.

1. Сколько лет было Ирине, когда она познакомилась с Верой? _____

2. Где сейчас живёт Вера? _____

3. Кем она сейчас работает? _____

4. Что было в письме? _____

5. Кого Ирина увидела на фотографии? _____

6. Как выглядит сейчас её подруга? _____

7. А какой был её брат, когда они учились в школе? _____

8. Кем он сейчас работает? _____

9. Где он сейчас работает? _____

в) А теперь пишите изложение. (Escriba el resumen de este texto).

5.10 Переведите.

1. Mi sobrina es una chica muy guapa, es alta, tiene pelo castaño claro y ojos verdes. _____
_____

2. Necesito unos zapatos nuevos. ¿Puedes venir conmigo a la tienda? Quiero que me aconsejes qué zapatos comprar. _____
_____
_____

3. Los amigos siempre se ayudan mutuamente.
_____

4. Háblame de las ciudades rusas, de los museos y teatros, y de la gente que conociste ahí. _____
_____

5. - Me han robado el bolso con dinero y pasaporte. Ya he ido a la policía.
   - Y ahora tiene que ir al consulado. _____
_____
_____

5.2 б) ВЕРНО или НЕВЕРНО? (В/Н) (стр. 222)

хала́т

та́почки

1. Де́вочка в футбо́лке и джи́нсах. _____В_____

2. Ма́льчик в джи́нсах и руба́шке. _____

3. Ма́ма в тёмной ю́бке. _____

4. Ба́бушка худа́я. _____

5. Па́па в очка́х. _____

6. Ма́ма в шу́бе. _____

7. Па́па в тёмных боти́нках. _____

8. У ма́мы дли́нные све́тлые во́лосы. _____

9. У до́чери све́тлые во́лосы. _____

10. Па́па в ша́пке. _____

11. Ба́бушка в хала́те и та́почках. _____

Задание А: Выберите правильный ответ.

1. Ка́рмен ... англи́йский язы́к на филологи́ческом факульте́те в университе́те.
   - а) занима́ется
   - б) изуча́ет
   - в) у́чится
   - г) сдаёт

2. ... оконча́ния шко́лы Са́ша пойдёт рабо́тать.
   - а) во вре́мя
   - б) когда́
   - в) по́сле
   - г) е́сли

3. Моя́ сестра́ поступи́ла ... ле́том.
   - а) в университе́т
   - б) в университе́те
   - в) на университе́т
   - г) на университе́те

4. - Почему́ ты не танцу́ешь?
   - Я ...
   - а) не зна́ю
   - б) не мог
   - в) не уме́ю
   - г) не хоте́л

5. Мой брат давно́ интересу́ется ... .
   - а) об иностра́нных языка́х
   - б) иностра́нные языки́
   - в) с иностра́нными языка́ми
   - г) иностра́нными языка́ми

6. Я была́ в Япо́нии в апре́ле ... .
   - а) про́шлого го́да
   - б) в про́шлом году́
   - в) в сле́дующем году́
   - г) два го́да

7. Ско́ро бу́дет экза́мен, по́этому в суббо́ту я ... ру́сские слова́.
   - а) занима́лась
   - б) учи́ла
   - в) изуча́ла
   - г) учи́лась

8. Когда́ Мари́я ко́нчит шко́лу, она́ ... в медици́нский институ́т.
   - а) пошла́
   - б) бу́дет поступа́ть
   - в) поступа́ет
   - г) у́чится

9. Обы́чно в на́шей шко́ле заня́тия ... в нача́ле ию́ня.
   - а) конча́ются
   - б) конча́ют
   - в) ко́нчились
   - г) ко́нчили

10. Преподава́тель хоте́л, ... студе́нты купи́ли слова́рь ру́сского языка́.
    - а) что́бы
    - б) что
    - в) е́сли
    - г) когда́

11. За́втра у́тром у нас бу́дет экза́мен ... .
    - а) о фи́зике
    - б) фи́зики
    - в) по фи́зике
    - г) с фи́зикой

12. Он ... экза́мен, но ещё не зна́ет отме́тки.
    - а) сдал
    - б) сде́лал
    - в) де́лал
    - г) сдава́л

13. На́ша ма́ма рабо́тает учи́тельницей, потому́ что она́ о́чень лю́бит рабо́тать … .
    а) у дете́й   б) де́ти   в) с детьми́   г) дете́й

14. А́льба, ты уже́ … но́вость? На сле́дующей неде́ле у нас бу́дет экза́мен по ру́сскому языку́
    а) слу́шала   б) послу́шала   в) слы́шала   г) слы́шишь

15. Я прие́хала в Барсело́ну … ию́ня.
    а) три́дцать   б) в три́дцать   в) тридца́того   г) тридца́тым

16. Мой друг ста́нет…
    а) стро́ителем   б) стро́итель   в) стро́ителя   г) со стро́ителем

17. Вы не так …, поэ́тому ничего́ … .
    а) ви́дите … не ви́дите   б) смо́тришь … не уви́дишь
    в) смо́трите … ви́дите   г) смо́трите … не ви́дите

18. Ты о́чень похо́жа … .
    а) со свое́й ма́терью б) на свое́й ма́тери в) на свою́ мать г) свою́ мать

Задание Б: Слушайте. Заполните таблицу. (Escuche las siguientes frases y rellene la tabla).

	Когда?
Москва́ была́ осно́вана	
Бороди́нская би́тва была́	
Сталингра́дская би́тва ко́нчилась	
Пу́шкин роди́лся	
Го́йя у́мер	
Рождество́ в Росси́и	
Уче́бный год в Росси́и начина́ется	
Серва́нтес жил	

Задание В: Напишите сочинение.

ЖИЗНЬ ИДЁТ.

Это Ната́лия Евге́ньевна и Кири́лл Петро́вич тепе́рь и три́дцать лет наза́д. Напи́шите, как они́ вы́глядели тогда́ и как они́ вы́глядят тепе́рь. Как вам ка́жется, кем они́ рабо́тают, кака́я у них семья́, что они́ де́лают в свобо́дное вре́мя?

6.1 КУДА́ ИДУ́Т, КУДА́ ХОДИ́ЛИ? а)

а) Никола́й Петро́вич - продаве́ц, он рабо́тает в магази́не «Оде́жда». Людми́ла Васи́льевна - стюарде́сса, она́ рабо́тает в авиакомпа́нии «Росси́йские авиали́нии». Их сын Са́ша у́чится в шко́ле, в четвёртом кла́ссе. Ба́бушка на пе́нсии, она́ обы́чно сиди́т до́ма и́ли гуля́ет в па́рке с подру́гами.

б) Пишите.

1. Что они́ сейча́с де́лают?

а) Никола́й Петро́вич _____идёт_____ в магази́н.

б) Людми́ла Васи́льевна _____ в Петербу́рг.

в) Ба́бушка _____ на да́чу.

г) Са́ша _____ в шко́лу.

2. Что они́ де́лают ка́ждый день?

а) Никола́й Петро́вич _____ в магази́н.

б) Са́ша _____ в шко́лу.

в) Людми́ла Васи́льевна _____ в Петербу́рг.

3. Что они́ де́лали вчера́?

а) Са́ша _____ на экску́рсию в Се́ргиев Поса́д.

б) Людми́ла Васи́льевна _____ в Петербу́рг.

в) Ба́бушка _____ в парк со свои́ми подру́гами.

г) Никола́й Петро́вич _____ на да́чу, у него́ был выходно́й.

6.2 БЫТЬ: ХОДИ́ТЬ, Е́ЗДИТЬ, ЛЕТА́ТЬ

1. *Ле́том мы бы́ли в Брази́лии.* – Ле́том мы __ездили (лета́ли) в Брази́лию__.

2. Вчера́ на́ша гру́ппа была́ на вы́ставке.

   – Вчера́ на́ша гру́ппа _____ _____ .

3. В про́шлую суббо́ту Серге́евы бы́ли в теа́тре.

   В про́шлую суббо́ту Серге́евы _____ _____ .

4. Когда́ вы бы́ли в Москве́ в после́дний раз?

   Когда́ вы _____ _____ в после́дний раз?

6.3 ХОДИ́ЛИ – ПОЙДЁМ

1. – Вы уже́ *ходи́ли на вы́ставку?*

   – Нет, мы __пойдём__ туда́ сего́дня по́сле обе́да.

2. – Ты уже́ е́здил в Ки́ев?

   – Нет, я _____ туда́ че́рез неде́лю.

3. – И́горь уже́ ходи́л в поликли́нику?

   – Нет, он _____ туда́ ве́чером.

4. Ната́ша уже́ лета́ла в Ло́ндон?

   – Нет, она́ _____ туда́ ле́том.

6.4 Слушайте. КТО ВЫ ПО НАЦИОНА́ЛЬНОСТИ?

Кто э́ти лю́ди по национа́льности?
Из како́й страны́ они́ прие́хали?
Како́й их родно́й язы́к?

Образец: *Пьер*
а) __*францу́з.*__ б) Он прие́хал *из Фра́нции.* в) Его́ родно́й язы́к *францу́зский.*

1. Ник
а) _____ б) _____ в) _____

2. Матве́й

а)_____ б) _____ в) _____

3. Ка́рлос

а)_____ б) _____ в) _____

4. Ганс

а)_____ б) _____ в)_____

6.5 ХОДИ́Л или ШЕЛ?

он шёл / она́ шла / они шли́

1. Вчера́ мы е́здили в Се́ргиев Поса́д. Когда́ мы __ехали__ туда́, мы пе́ли ру́сские и испа́нские пе́сни.

2. На про́шлой неде́ле учёные е́здили на конгре́сс в Варша́ву. Когда́ они́ _____ туда́, они́ говори́ли о конгре́ссе.

3. Сего́дня у́тром я ходи́л в библиоте́ку. Когда́ я _____ туда́, я встре́тил Ири́ну.

4. В а́вгусте мои́ роди́тели лета́ли в Испа́нию. Когда́ они́ _____ туда́, они́ познако́мились с Хуа́ном.

6.6 ВИ́ДЕТЬ, ВСТРЕЧА́ТЬ

1. Я ча́сто ___*встреча́ю*___ э́того челове́ка на остано́вке трамва́я.

2. Мы давно́ не _____ Та́ню, а сего́дня мы её _____
на у́лице и пошли́ вме́сте в кафе́.

3. Не беспоко́йся, я тебя́ обяза́тельно _____ на вокза́ле.

4. Я уже́ _____ э́тот фильм, он мне не понра́вился.

6.7 Дава́йте поговори́м. Соста́вьте диало́ги.

1. «Ты не узна́ешь меня́?!»
Вы на у́лице поздоро́вались с ва́шим знако́мым. Но он вас не узна́л.
Поговори́те с ним.

2. «Зна́ешь, кого́ я сего́дня встре́тил?»
Сего́дня у́тром вы встре́тили в университе́те свою́ ста́рую подру́гу.
Расскажи́те об э́том свое́й ма́тери.

3. «Я тебя́ обяза́тельно встре́чу!»
Вам позвони́л друг из Москвы́, че́рез неде́лю он прилета́ет в ваш го́род.
Вы пое́дете его́ встреча́ть в аэропо́рт.

4. «Познако́мь меня́, пожа́луйста!»
Вы хоти́те познако́миться с изве́стным актёром, кото́рого хорошо́ зна́ет
ва́ша подру́га. Вы про́сите её познако́мить вас с ним.

6.8 Слушайте. КТО КУДА́ ПОЕ́ДЕТ?

Запо́лните табли́цу.

Кто	куда́ пое́дет	како́го числа́	когда́ вернётся
1. Ната́ша	*в Белору́ссию*		
2. Оле́г			че́рез ме́сяц
3. Андре́й	В Гре́цию, на Крит		
4. Мари́на			в сентябре́

6.9 Повторите падежи.

1. Мой брат занима́ется _____ _____
   (иностра́нные языки́).

2. Мы отдыха́ли на мо́ре _____ _____
   (все кани́кулы).

3. _____ _____ (но́вые студе́нты)
   живу́т в общежи́тии.

4. А́нна Петро́вна написа́ла нам _____ _____
   (свои́ сыновья́).

5. Я хочу́ познако́мить вас_____ _____
   (мои́ роди́тели).

6. На вы́ставке мы ви́дели _____ _____
   (шко́льники и учителя́) из ва́шей шко́лы.

7. Вы зна́ете его́ _____ _____
   (бра́тья и сёстры)?

8. Студе́нты пригласи́ли _____ _____
   _____ (преподава́тели, студе́нческий ве́чер).

9. Мы покупа́ем газе́ты и журна́лы _____ _____
   (газе́тные кио́ски).

10. Ле́том они́ пое́дут _____ _____
    (Аргенти́на и Чи́ли).

11. Я лете́л в Москву́ вме́сте _____ _____
    _____ (изве́стные ру́сские арти́сты).

12. На э́том конце́рте бу́дут петь _____ _____
    (ма́ленькие де́ти).

13. В суббо́ту я пое́ду в аэропо́рт встреча́ть _____
    _____ (мои́ друзья́).

14. Э́ти молоды́е лю́ди занима́ются спо́ртом _____
    _____ _____ (стадио́ны и спорти́вные за́лы).

15. В Москве́ меня́ встреча́ли _____ _____
    (ру́сские друзья́).

16. Мои́ роди́тели ча́сто хо́дят _____ (конце́рты).

17. Вы узна́ли _____ _____ (свои́ подру́ги)
    на э́той фотогра́фии?

7.1 Что с чем?

1. У Коли нет	а) у своих родственников.
2. Это дача	б) новых брюк.
3. У Жени никогда не было	в) у своих русских друзей.
4. В этом году у нас в городе ещё не будет	г) у наших новых соседей.
5. В этой деревне почти нет	д) наших знакомых.
6. Иван Петрович всё лето жил в деревне	е) детских яслей.
7. В Новосибирске Хуан остановится	ж) молодых людей.
8. В субботу мы были на дне рождения	з) хороших друзей.
9. У нового ученика нет не только	и) карандашей, но и тетрадей.

Образец: 1 - б;

2 -   ; 3 -   ; 4 -   ; 5 -   ; 6 -   ; 7 -   ; 8 -   ; 9 -   .

7.2 Работа в паре. У МЕНЯ НЕТ...

Образец: - Дай мне *цветные карандаши*.
           - У меня нет *цветных карандашей*.

А теперь вы:

цветные карандаши, мои фотографии, русские марки, твои новые туфли, чёрные перчатки, белые кроссовки

7.3 Пишите.

Образец: Лампа стоит на столе. Я __*поставил*__ лампу __*на стол*__ .

1. Картины висят на стене. Оля _____ картины _____ _____ .

2. Очки лежат на кровати. Дедушка _____ очки _____ _____ .

3. Цветы стоят на окне. Галя _____ цветы _____ _____ .

4. Костюм висит в шкафу. Отец _____ костюм _____ _____ .

5. Эти книги будут стоять на полке, а те будут лежать в столе. Мы _____

   эти книги _____ _____ , а те _____ _____ _____ .

7.4 Слушайте и пишите.

Неда́вно мы бы́ли в гостя́х _____ на́ших _____ .

Они́ купи́ли но́вую кварти́ру, большу́ю и _____ .

Столо́вая у них больша́я и _____ .

О́кна столо́вой _____ на у́лицу.

В кабине́те _____ большо́й пи́сьменный стол.

Ко́мната для госте́й, _____ о́чень _____ , но о́чень све́тлая.

В столо́вой Йра и Васи́лий _____ _____ у́жинают, _____
_____ смо́трят телеви́зор, разгова́ривают.

Дива́н они́ _____ у стены́, а _____ стои́т телеви́зор.

На сте́нах _____ карти́ны и фотогра́фии.

Цветы́ _____ и на большо́м столе́ и на ма́леньком сто́лике,
где обы́чно _____ газе́ты и журна́лы.

В ко́мнате для госте́й цветы́ стоя́т _____ _____ .

Васи́лий обе́дает в _____ на рабо́те.

Ме́бель у них _____ , краси́вая и удо́бная.

Нам о́чень _____ их кварти́ра.

7.5 ГЛАГОЛЫ ДВИЖЕНИЯ.

вы́йти, прийти́, идти́, е́здить, войти́, входи́ть, прие́хать, выходи́ть, пое́хать, пойти́

Образец:
Когда́ Мари́я _вы́шла_ из до́ма, она́ уви́дела, что её маши́ны нет во дворе́.

1. Неде́лю наза́д мы _____ на да́чу, а за́втра _____
   в дере́вню.

2. Андре́й _____ в ко́мнату и включи́л **свет**.

3. Ива́н Влади́мирович ка́ждый день _____ из до́ма в 7 часо́в
   утра́ и _____ на рабо́ту.

4. В Росси́и ученики́ встаю́т, когда́ учи́тель _____ в класс.

5. Ле́кция ко́нчилась, и студе́нты _____ из аудито́рии.

6. Вчера́ в Барсело́ну _____ мои́ ро́дственники из Москвы́.

7. - _____ за́втра в кино́. - Не могу́, у меня́ нет вре́мени.

8. Когда́ роди́тели _____ домо́й, мы на́чали у́жинать.

7.6 Пишите.

высо́кий, *удо́бный*, цветно́й, дли́нный, свобо́дный, чи́стый, ночно́й, краси́вый, после́дний
кре́сло, ме́бель, раз, дере́вья, **бума́га**, по́езд, анке́та, фотогра́фии, но́мер

удо́бное кре́сло, _____

_____

_____

7.7 Напишите фразы.

Образец:
Когда́, Никола́й, быть, Испа́ния, он, остана́вливаться, на́ши, знако́мые
    Когда́ Никола́й был в Испа́нии, он остана́вливался у на́ших знако́мых.

1. Мой, ро́дственники, есть, небольшо́й, да́ча, кото́рый, они́, жить, всё, ле́то
_____.

2. - Ты, заказа́ть, биле́ты, теа́тр? - Нет, забы́ть. Заказа́ть, за́втра
_____.

3. Вре́мя, Олимпиа́да, гости́ницы, обы́чно, нет, свобо́дные, номера́
_____.

4. Гости́ница, вы, до́лжен, запо́лнить, анке́та
_____.

5. Э́то, администрати́вный, зда́ние, лифт, спра́ва, вход, а, спра́вочная, сле́ва
_____.

6. - Не, по́мнить, куда́, я, положи́ть, слова́рь
   - По-мо́ему, он, лежа́ть, стол, кабине́т
_____.

_____.

7. Евге́ний, войти́, ко́мната, и, пове́сить, свой, пальто́, ве́шалка

_____ .

8. Когда́, Ла́ура, прилете́ть, Москва́, она́, поменя́ть, де́ньги, аэропо́рт

_____ .

9. Ла́ура, понра́виться, но́мер, гости́ница, потому́ что, окно́, выходи́ть, парк

_____ .

10. Ла́ура, вы́йти, но́мер, и, пое́хать, Кра́сная пло́щадь, кото́рый, она́, так, мно́го, чита́ть

_____ .

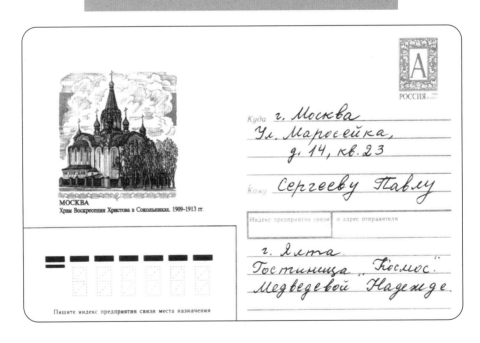

кому́?

Ивано́ву Петру́ Алекса́ндровичу
Ивано́вой Зинаи́де Алекса́ндровне

7.8 Пишите. ПИСЬМО.

_____ Па́вел!

Пишу́ тебе́ из Кры́ма. Сейча́с я сижу́ в своём _____ в гости́нице и ду́маю _____ тебе́. Как ты там?

У меня́ всё хорошо́. Гости́ница, где я _____ , о́чень ма́ленькая, но удо́бная и чи́стая. На пляж я _____ пешко́м, потому́ что на́ша гости́ница _____ от мо́ря.

Я весь день провожу́ _____ мо́ре: купа́юсь, гуля́ю по пля́жу, чита́ю. _____ здесь о́чень нра́вится. Верну́сь я _____ две неде́ли, а ты в э́то вре́мя уже́ бу́дешь на Средизе́мном _____ . Жела́ю тебе́ хорошо́ отдохну́ть.

Позвони́ _____ , е́сли хо́чешь, _____ _____ есть мой но́мер телефо́на.

Мне звони́ла Ве́ра, сказа́ла, _____ у неё есть интере́сная рабо́та для меня́.

Я о́чень _____ слы́шать э́то: мне _____ рабо́та.

Ну, поговори́м об э́том пото́м.

Ещё раз **жела́ю тебе́ всего́ хоро́шего**.

Целу́ю. На́дя.

7.9 Сочинение. Напиши́те письмо́.

Напиши́те письмо́ своему́ ру́сскому дру́гу (свое́й ру́сской подру́ге). Расскажи́те, как вы живёте, как прово́дите свобо́дное вре́мя.

Ваш друг, Ви́ктор Миха́йлов, (ва́ша подру́га, Ве́ра Калмы́кова,) живёт в Ту́ле на у́лице Космона́втов в до́ме № 5 в кварти́ре № 43.

8.1 Давайте повторим. ХОРÓШИЙ или ХОРОШÓ?

1. Альбéрто - _____ товáрищ.   хорóший
   Как _____ ! Скóро канИкулы!   - хорошó

2. Я читáю _____ кнИгу.   интерéсный
   Этого áвтора всегдá _____ читáть.   - интерéсно

3. В этом годý в мáе в Валéнсии былá _____ погóда. плохóй
   Игорь _____ сдал экзáмен по испáнскому языкý.   - плóхо

4. В январé в Москвé всегдá óчень _____ .   холóдный
   Какóй сегóдня _____ день!   - хóлодно

5. Вéна - _____ гóрод.   чИстый
   В нáшем подъéзде всегдá _____ .   - чИсто

6. У моéй мáтери сегóдня _____ день.   свобóдный
   - Здесь _____ ? - Да, садИтесь, пожáлуйста.   - свобóдно

7. Это _____ кнИга.   рéдкий
   По телевИзору _____ покáзывают нóвые фИльмы.   - рéдко

8. В этом райóне _____ квартИры.   дешёвый
   Эта квартИра стóила _____ .   - дёшево

8.2 МНÓГО, НÉСКОЛЬКО, МÁЛО, НЕТ

- В вáшем гóроде есть *гостИницы*?
- а) Да, в моём гóроде *мнóго (нéсколько) гостИниц*.
  б) К сожалéнию (**к счáстью**), в моём гóроде *мáло (нет) гостИниц*.

А теперь вы:
гостИницы, высóкие здáния, завóды, вокзáлы, университéты, больнИцы, таксИ

8.3 ХОРОШО́ – ЛУ́ЧШЕ. Закончите фразы.

1. Мари́я хорошо́ говори́т по-ру́сски, а Пе́дро говори́т _____ .
2. У Ка́ти ма́ленькая кварти́ра, а у меня́ ещё _____ .
3. На э́том ры́нке фру́кты сто́ят до́рого, а на том ещё _____ .
4. В э́том райо́не гря́зные у́лицы, а в том ещё _____ .
5. Э́то дли́нная и широ́кая у́лица, а та ещё _____ и
_____ .
6. Я хожу́ бы́стро, а мой муж хо́дит ещё _____ .
7. Э́то высо́кое зда́ние, а то ещё _____ .
8. Ты чита́ешь ме́дленно, а Тама́ра чита́ет ещё _____ .
9. А́нна Ива́новна говори́т мно́го, а её дочь говори́т ещё _____ .
10. Э́то моро́женое вку́сное, а шокола́дное ещё _____ .
11. Ди́ма пришёл на рабо́ту ра́но, а Па́вел Никола́евич пришёл ещё _____
_____ .

8.4 СА́МЫЙ

Образец:
- Како́й са́мый большо́й океа́н в ми́ре?
- Ти́хий океа́н - са́мый большо́й океа́н в ми́ре.
  Он бо́льше Атланти́ческого и
  Се́верного Ледови́того.

Атланти́ческий
Ти́хий   (океа́н, мир)
Се́верный Ледови́тый

1. Евра́зия   (большо́й матери́к, мир)
   А́фрика
   Антаркти́да

2. США   (больша́я страна́, мир)
   Кита́й
   Росси́я

3. Мо́нако   (ма́ленькая страна́, Евро́па)
   Ватика́н
   Сан-Мари́но

4. Сан-Франси́ску   (дли́нная река́, Ю́жная Аме́рика)
   Ла-Пла́та
   Амазо́нка

5. Университе́т в Вальядоли́де (1292 г.)   (ста́рый университе́т, Испа́ния)
   Университе́т в Салама́нке (1218 г.)
   Университе́т в Алькале́-де-Э́нарес (1293 г.)

 8.5   Что с чем?

1. Чёрный костю́м не тако́й   а) широ́кие, как в Мадри́де.
2. Э́та дере́вня не така́я   б) кварти́ры мое́й ма́тери.
3. Обы́чно в Петербу́рге зимо́й тепле́е,   в) чи́стая, как у́лицы в це́нтре го́рода.
4. Зда́ние институ́та вы́ше   г) дорого́й, как си́ний.
5. В Севи́лье у́лицы не таки́е   д) зда́ния гости́ницы.
6. Моя́ кварти́ра ме́ньше   е) ма́ленькая, как дере́вня,
                                 в кото́рой я родила́сь.
7. Э́та у́лица не така́я   ж) чем в Москве́.

1 - г ; 2 -   ; 3 -   ; 4 -   ; 5 -   ; 6 -   ; 7 -   .

 8.6   Слушайте и пишите. а) Где нахо́дится? Как идти́? Напиши́те назва́ния мест.

Университетский проспект

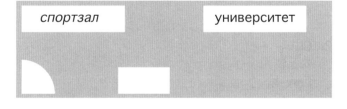

спортзал   университет

б) Давайте поговорим. Как дойти до...?

Вы вы́шли из ба́нка. Вас спра́шивают, как дойти́ до...

8.7

идти́, ходи́ть, е́хать, е́здить, пойти́, пое́хать, дое́хать, дойти́, вы́йти, входи́ть, лета́ть, прилете́ть

1. Ка́тя уже́ в Барсело́не. Она́ _____ из Москвы́ 25-го ма́рта.

2. Мы реши́ли посмотре́ть но́вый фильм и _____ в кино́.

3. -Куда́ вы вчера́ _____ ? Я вам звони́л.
   -Мы бы́ли в теа́тре.

4. -Где ты был в про́шлом году́?
   - _____ в Испа́нию.

5. До спорти́вного за́ла мо́жно _____ на 17-ом авто́бусе.

6. На ста́нции «Маяко́вская» вам на́до сде́лать переса́дку, поэ́тому вы должны́ _____ на сле́дующей остано́вке.

7. Мой брат ча́сто _____ в командиро́вку в Мадри́д.

8. До нача́ла спекта́кля у нас бы́ло ещё по́лчаса, мы реши́ли погуля́ть: _____ до пло́щади и верну́лись.

9. -Я давно́ не ви́дела Никола́я. А ты?
   -А я встре́тила его́ вчера́ на у́лице, когда́ _____ на рабо́ту.

10. Не _____ в э́ту аудито́рию: там иду́т экза́мены.

11. - Что ты бу́дешь де́лать ле́том?
    - Наве́рное, _____ на да́чу.

12. Когда́ я _____ на да́чу, я чита́ла кни́гу.

8.8 Напишите фразы.

1. Наш дом, находи́ться, недалеко́, центр, го́род

_____ .

2. Ско́лько, жи́тель, ваш, го́род

_____ ?

3. Больши́е города́, окра́ина, стро́ить, мно́го, но́вые совреме́нные зда́ния

_____ .

4. Де́ти, е́здить, парк, велосипе́ды

_____ .

5. Вы́ставка, мы, познако́миться, тури́сты, Москва́

_____ .

6. Ты, давно́, не ви́деть, свои́ шко́льные това́рищи

_____ ?

7. Э́тот го́род, нет, широ́кие у́лицы

_____ .

8. Москва́, я, всегда́, остана́вливаться, свои́ друзья́

_____ .

9. Симпо́зиум, прие́хать, учёные, все стра́ны

_____ .

10. Остано́вка, находи́ться, коне́ц, у́лица, напро́тив, больни́ца

_____ .

8.9 a) Прослушайте текст. (Mire los dibujos y ordénelos según el texto).

Экску́рсия по го́роду

а)

б) - 1

в)

г)

д)

е)

ж)

 б) Соста́вьте расска́з по рису́нкам. (Reconstruya el relato mirando los dibujos).

 8.10 Напиши́те, как мо́жно бо́льше слов и выраже́ний по те́ме го́род. (Escriba palabras y expresiones que ha aprendido sobre el tema «Ciudad»)

го́род: *находи́ться на берегу́,*

_____

_____

_____

_____

8.11 Напиши́те сочине́ние: «Мой родно́й го́род»

Задание А.

Мой ста́рший брат Алекса́ндр ча́сто - 1 - в Испа́нию. Он остана́вливается - 2 -, кото́рые живу́т в Таррагóне. - 3 - удо́бная кварти́ра в це́нтре го́рода.

Мой брат о́чень лю́бит ходи́ть по го́роду, в кото́ром мно́го - 4 -. Ему́ здесь всё нра́вится. У него́ в ко́мнате на столе́ - 5 - сувени́ры из Таррагóны.

Про́шлым ле́том мы вме́сте бы́ли в Испа́нии. Я в пе́рвый раз была́ за грани́цей. Друзья́ Са́ши - 6 - нас в аэропорту́, и мы сра́зу пое́хали у́жинать в рестора́н, в кото́ром всё бы́ло о́чень вку́сно и необы́чно.

На сле́дующий день Са́ша показа́л мне центр Таррагóны: прекра́сный го́род! Дома́ тут ни́же, а у́лицы у́же, - 7 -. На у́лицах я ви́дела - 8 - . Я не смотре́ла на ка́рту, потому́ что Са́ша всё знал: когда́ ну́жно идти́ - 9 -, что нахо́дится - 10 -.

Когда́ я верну́лась в Москву́, я - 11 - на сте́ну плака́ты с ви́дами Таррагóны: фо́рум, теа́тр, коллизе́й... По-мо́ему, э́то - 12 - го́род в ми́ре. Коне́чно, по́сле Москвы́.

1. а) е́хать   б) пое́дет   в) е́здит   г) хо́дит

2. а) свои́х друзе́й   б) у его́ друзе́й   в) со свои́ми друзья́ми   г) у свои́х друзе́й

3. а) их   б) в них   в) им   г) у них

4. а) краси́вые зда́ния   б) краси́вых зда́ниях
     в) краси́выми зда́ниями   г) краси́вых зда́ний

5. а) стоя́т   б) поста́вил   в) стоя́ли   г) поло́жит

6. а) верну́лись   б) встре́тили   в) договори́лись   г) попроща́лись

7. а) Москвы́   б) в Москве́   в) чем в Москве́   г) из Москвы́

8. а) жи́телей го́рода и тури́стов   б) жи́тели го́рода и тури́сты
     в) с жи́телями го́рода и тури́стами   г) у жи́телей го́рода и тури́стов

9. а) напра́во   б) спра́ва   в) сле́ва   г) напро́тив

10. а) нале́во   б) сле́ва   в) напра́во   г) пря́мо

11. а) положи́ла   б) поста́влю   в) пове́сила   г) пове́шу

12. а) краси́вый   б) краси́вее   в) са́мая краси́вая   г) са́мый краси́вый

Задание Б.

13. Мой оте́ц лю́бит ... пешко́м.
    а) идти́   б) е́здить   в) ходи́ть   г) пойти́

14. Вы не ска́жете, как ... до вокза́ла?
    а) пойти́   б) прие́хать   в) дое́ду   г) дое́хать

15. В аэропорту́ меня́ встреча́ла моя́ подру́га.
    - Здра́вствуй! С прие́здом! Как ...?
    а) долети́шь   б) долете́ла   в) лете́ла   г) прилете́ла

16. Че́рез не́сколько лет мы обяза́тельно .... в Росси́ю.
    Мы хоти́м лу́чше знать ру́сский язы́к.
    а) е́здили   б) е́хали   в) е́зжу   г) пое́дем

17. Ты то́же ... сего́дня э́тим ре́йсом?
    а) лети́шь   б) пойдёшь   в) идёшь   г) е́здишь

18. Твой брат ... в про́шлую суббо́ту на конце́рт?
    а) пое́хал   б) шёл   в) пойдёт   г) ходи́л

19. Когда́ я ... из до́ма, на у́лице шёл дождь.
    а) пошёл   б) вы́шел   в) ходи́л   г) приходи́л

20. Когда́ я ... домо́й, я встре́тил своего́ дру́га.
    а) е́здил   б) ходи́л   в) пришёл   г) шёл

Ива́н регуля́рно занима́ется спо́ртом, поэ́тому он никогда́ не боле́ет.
У него́ прекра́сное **здоро́вье**.

9.1　Пишите.

1. - _____ , Алексе́й Петро́вич!
   - Спаси́бо. Спаси́бо, что пришли́ ко мне на день рожде́ния.

2. - Спаси́бо, А́ня. Всё бы́ло о́чень вку́сно.
   - _____ !

3. - Апчхи́, апчхи́, апчхи́!
   - _____ !
   - Спаси́бо. По-мо́ему, я заболе́ла.

9.2 Решите кроссворд.

По вертикали:

1	2	3	4	5	6

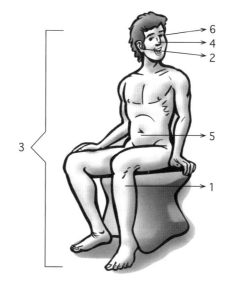

Какое слово получилось по горизонтали в третьей строчке?

_____

 9.3 Пишите.

- Слушаю!
- _____ ?
- Да, поликлиника.
- Мне нужно _____
  врача на дом.
- _____ ?
- У меня очень высокая температура.
- _____ ?
- 60 лет.
- _____ ?
- Яковлева Вера Владимировна.
- _____ ?
- Улица Вавилова, дом 15, квартира 28.
- Хорошо. Врач будет утром.
- Спасибо.

Бланк поликлиники
Фамилия
_____
Имя
_____
Отчество
_____
Возраст
_____
Жалобы
_____
Адрес
_____
_____

9.4 а) Слушайте и читайте.

На́шу ба́бушку зову́т Еле́на Влади́мировна. Ей уже́ 75 лет, но у неё хоро́шее здоро́вье. Боле́ет она́ о́чень ре́дко.

На́ша ма́ма рабо́тает, поэ́тому ба́бушка хо́дит в магази́ны, гото́вит; она́ мно́го чита́ет, хо́дит в кино́. В выходны́е дни мы ча́сто все вме́сте е́здим в лес и́ли в го́ры.

И вдруг в про́шлую пя́тницу ба́бушка заболе́ла. Днём она́ почу́вствовала себя́ пло́хо: у неё был ка́шель, небольша́я температу́ра. Ба́бушка приняла́ аспири́н.

Че́рез час-полтора́ она́ уже́ лу́чше себя́ чу́вствовала, но по́здно ве́чером температу́ра у неё была́ о́чень высо́кая, и мы реши́ли вы́звать **ско́рую по́мощь**.

Ско́рая по́мощь прие́хала бы́стро: че́рез полчаса́. Врач осмотре́л ба́бушку и сказа́л, что у неё пневмони́я. Ба́бушка должна́ была́ принима́ть антибио́тики и мно́го пить: со́ки, лимона́д, молоко́; есть суп, ка́шу, кефи́р, я́йца и, коне́чно, лежа́ть. Че́рез два дня на́до опя́ть вы́звать врача́.

б) Пишите.

1. И́мя и о́тчество на́шей ба́бушки - _____Елена Владимировна_____ .

2. У неё хоро́шее здоро́вье, хотя́ _____ .

3. Она́ почти́ никогда́ _____ .

4. Она́ не то́лько хо́дит в магази́ны и гото́вит, но и _____
_____ .

5. В суббо́ту и в воскресе́нье мы с ба́бушкой _____ .

6. В пя́тницу днём у ба́бушки _____ .

7. Когда́ ба́бушка почу́вствовала себя́ пло́хо, она́ вы́пила _____ .

8. Мы вы́звали ско́рую по́мощь, потому́ что у ба́бушки _____
_____ .

9. Че́рез полчаса́ _____ .

10. Врач сказа́л, что ба́бушке _____

9.5 Пишите.

У врача́.

- До́брый ве́чер!
- Здра́вствуйте! Сади́тесь! _____ ?
- Я пло́хо _____ .
- _____ ?
- Небольша́я, 37, 3.
- Сейча́с я вас осмотрю́… _____ **бронхи́т.**
- Что же мне де́лать?
- _____ антибио́тики два _____ ,

  у́тром и ве́чером. Пять дней вы _____ лежа́ть и

  _____ на у́лицу.

  _____ бо́льше воды́ и со́ки.
- А е́сли че́рез пять дней я всё ещё бу́ду _____ ?
- Тогда́ вы́зовите врача́ на́ дом.
- Спаси́бо, до́ктор. До свида́ния.

9.6 Давайте поговорим. а) Спросите 3-х товарищей.

Образец: - *А́нна, когда́ тебе́ быва́ет скучно?*
          - *Когда́ я боле́ю.*

и́мя	скучно	ве́село	гру́стно	стра́шно
А́нна	*когда́ боле́ет*			

б) Пишите.

Анна говорит, что ей бывает скучно, когда она болеет. _____

1. _____

2. _____

3. _____

9.7 ЕСЛИ БЫ

1. Вади́м пое́хал бы в го́ры, _____*если бы не шёл дождь*_____ .
   (не, идти́, дождь)

2. На́дя сдала́ бы экза́мен, _____ .
   (бо́льше занима́ться)

3. Я пошла́ бы в похо́д, _____ .
   (быть, рюкза́к)

4. Алексе́й купи́л бы себе́ да́чу, _____ .
   (вы́играть в лотере́ю)

5. Е́сли бы Ноэми́ хорошо́ зна́ла ру́сский язы́к, _____ .
   (она́, пое́хать, рабо́тать, Росси́я)

6. Е́сли бы вы пое́хали на мо́ре, _____ .
   (вы, хорошо́ отдохну́ть)

7. Е́сли бы ты пошла́ с на́ми на ве́чер, _____ .
   (ты, быть, о́чень ве́село)

8. Е́сли бы Ко́стя не ел так мно́го моро́женого, _____ .
   (он, боле́ть, го́рло)

9.8 Пиши́те.

не так..., как / потому́ что / хотя́ / когда́ / кото́рый / что́бы / что / е́сли /
е́сли бы / не тако́й..., как / не то́лько..., но и

1. В большо́м го́роде на окра́ине _____*не так*_____ шу́мно, _____*как*_____ в це́нтре.

2. Врач, _____ мы вы́звали к ба́бушке, нам о́чень понра́вился.

3. Наде́жда не ста́ла бы профессиона́льной **спортсме́нкой**, _____
   у неё бы́ло плохо́е здоро́вье.

4. Та́ня не пошла́ к Никола́ю на день рожде́ния, _____
   он её приглаша́л.

5. В э́то воскресе́нье Ива́н Петро́вич не ходи́л с на́ми в похо́д, _____ у него́ боле́ли но́ги.

6. Да́ша пошла́ к подру́ге, _____ взять у неё уче́бник по исто́рии.

7. _____ в суббо́ту наш ма́ленький сын уже́ бу́дет здоро́в, мы пое́дем на да́чу.

8. - И́горь спро́сит, почему́ ты не пришла́. Что сказа́ть ему́?
   - Скажи́, _____ у меня́ плохо́е настрое́ние.

9. На у́лице бы́ло совсе́м темно́, _____ мы вы́шли из до́ма.

10. У Бе́рты боле́ла _____ голова́, _____ го́рло и у́ши.

11. У Лари́сы не _____ хоро́шее здоро́вье, _____ у её бра́та.

✍ | 9.9 БОЛЕЛ или ЗАБОЛЕЛ?

Когда́ Ко́стя был ма́ленький, он ча́сто (*боле́л* - ~~*заболе́л*~~):
у него́ был ка́шель, высо́кая температу́ра, (боле́ло - заболе́ло) го́рло.
Когда́ ему́ бы́ло 12 лет, он (начина́л - на́чал) занима́ться спо́ртом.
Сейча́с ему́ уже́ 17 лет, он почти́ никогда́ не (боле́ет - заболе́ет).
Ему́ о́чень (нра́вится - понра́вится) ходи́ть в похо́ды.
Ко́стя (говори́т - ска́жет), что в похо́де быва́ет ве́село и интере́сно,
хотя́ тру́дно, потому́ что рюкзаки́ о́чень тяжёлые.
В э́то ле́то Ко́стя не (шёл - пошёл) в похо́д, потому́ что он (сдава́л - сдал)
экза́мены в университе́т. Он (сдава́л - сдал) экза́мены о́чень хорошо́ и
(поступа́л - поступи́л) на экономи́ческий факульте́т. Ко́стя (говори́л - сказа́л),
что, е́сли бы он реши́л не (поступа́ть - поступи́ть) в университе́т, он обяза́тельно
(шёл - пошёл) бы в похо́д.
Ко́стя (ду́мает - поду́мает), что на бу́дущий год он (идёт - пойдёт)
в похо́д со свои́ми но́выми университе́тскими друзья́ми.

9.10 Напишите фразы.

Образец:
Вале́рий, хоро́ший, настрое́ние, потому́ что, за́втра, начина́ться, кани́кулы.
У Валерия хорошее настроение, потому что завтра начинаются каникулы   .

1. Зи́на, боле́ть, зуб, поэ́тому, за́втра, у́тро, она́, пойти́, зубно́й врач.

———.

2. Ви́ктор, на́до, принима́ть, лека́рство, 2, раз, день.

———.

3. Врач, сказа́ть, что, Алексе́й Петро́вич, нельзя́, пить, во́дка.

———.

4. Ле́на, **вы́ключить**, ра́дио, и, пойти́, спать.

———.

5. Класс, быть, о́чень, ду́шно, и, учи́тель, откры́ть, окно́.

———.

6. Е́сли бы, мои́ роди́тели, быть, да́ча, они́, проводи́ть, бы, там, все, выходны́е дни.

———.

 9.11 Слушайте и пишите: ВЕРНО / НЕВЕРНО

1. Эдуа́рдо сейча́с в Москве́.	в / н
2. Он жил и учи́лся в Сараго́се 3 го́да.	в / н
3. Эдуа́рдо останови́лся в гости́нице, потому́ что сейча́с у него́ есть де́ньги.	в / н
4. Общежи́тие нахо́дится на окра́ине Москвы́.	в / н
5. Эдуа́рдо заболе́л анги́ной, потому́ что ел мно́го моро́женого.	в / н
6. Эдуа́рдо ходи́л к врачу́.	в / н
7. Администра́тор купи́ла ему́ лека́рство.	в / н
8. Днём он был в гости́нице оди́н.	в / н
9. Ему́ не́ было ску́чно, потому́ что у́тром к нему́ пришли́ его́ друзья́.	в / н
10. В Москве́ ему́ всё понра́вилось.	в / н

9.12 Переведите.

1. Mijail está enfermo por eso no puede ir al cumpleaños de María.

2. Este enfermo no puede levantarse. El médico dice que tiene que guardar cama.

3. A Olga Ivanovna le duele a menudo el corazón. Ella tiene que ir al médico.

4. Serguei no puede comer pasteles porque está muy gordo.

5. A mi hermana le resulta desagradable ir a casa de Víctor porque allí todos fuman.

6. Clara está de buen humor porque aprobó el examen de ruso.

7. Por favor, apaga la tele. Tengo que estudiar.

8. Por la noche hay silencio en las calles: los coches están en los garajes y la gente duerme.

9. Si Antón hubiera tomado los medicamentos tres veces al día, como le dijo el médico, ya estaría bien.

10. Si Sasha tuviera tiempo iría más a menudo al teatro.

10.1   Пишите. Что сделают эти люди?

Образец:

У роди́телей Па́вла нет маши́ны. А у Па́вла мно́го де́нег. (он / купи́ть)
Он купит своим родителям машину.

1. Мои́ бра́тья живу́т в дере́вне в гора́х. У них нет телефо́на. (я / написа́ть)
   _____

2. В Петербу́рг к Ни́не Петро́вне прие́хали друзья́ из Эквадо́ра. Она́ рабо́тает экскурсово́дом. (Ни́на Петро́вна / показа́ть)
   _____

3. Альфо́нсо купи́л но́вую кварти́ру. В суббо́ту он хо́чет пригласи́ть свои́х това́рищей. (Альфо́нсо / позвони́ть)
   _____

4. Ско́ро Но́вый год. У Никола́евых есть де́ти. (Никола́евы / подари́ть)
   _____

5. К мое́й испа́нской подру́ге прие́дут знако́мые из Росси́и. Они́ никогда́ не про́бовали испа́нские блю́да. (подру́га / пригото́вить)
   _____

10.2   Пишите. В, НА, К, ПО, ДО, ИЗ, У, ЗА, О или С?

1. Моя́ сестра́ неда́вно верну́лась _____ Гре́ции. Ей там о́чень понра́вилось.

2. Когда́ мы бы́ли _____ Нью-Йо́рке, мы остана́вливались _____ на́ших друзе́й.

3. За́втра _____ уро́ке преподава́тель расска́жет нам _____ э́том изве́стном ру́сском поэ́те.

4. _____ кем е́здила твоя́ подру́га _____ грани́цу?

5. Мои́м роди́телям нра́вится игра́ть _____ гольф.

6. Ба́бушка _____ удово́льствием слу́шала, как её ма́ленький внук игра́л _____ пиани́но.

7. Обы́чно мой сосе́д е́здит _____ да́чу _____ электри́чке.

8. Сего́дня я пойду́ _____ свое́й люби́мой племя́ннице, _____ неё имени́ны.

9. Послеза́втра у нас экза́мен _____ ру́сскому языку́.

10. Я люблю́ гуля́ть _____ знамени́тому барсело́нскому бульва́ру Ра́мблас.

11. _____ стадио́на мо́жно дое́хать на трамва́е и́ли на авто́бусе.

10.3 Пишите.

1. На пра́зднике его́ жена́ была́_____
   (дли́нное пла́тье, кра́сные ту́фли).

2. Неда́вно в теа́тре я встре́тила _____
   (свои́ ста́рые друзья́).

3. Доло́рес договори́лась _____
   (ру́сские тури́сты) пое́хать в дом-музе́й Дали́.

4. Изве́стный катало́нский журнали́ст рассказа́л _____
   (на́ши студе́нты) о свое́й жи́зни и рабо́те в Росси́и.

5. Ле́том в э́той гости́нице нет _____
   (свобо́дные номера́).

6. В це́нтре го́рода не _____
   (все магази́ны) закрыва́ются на обе́д.

10.4 Пишите. ПРИ- или У-?

1. - Оле́г до́ма?
   - Нет, он _____е́хал в командиро́вку в Петербу́рг.
   - Он не сказа́л, когда́ вернётся?
   - Он _____е́дет че́рез два дня.

2. - Алло́! Скажи́те, пожа́луйста, Бори́с уже́ до́ма?
   - Нет, он звони́л и сказа́л, что _____дёт по́здно.
   - Спаси́бо.

3. - Здра́вствуйте, Ири́на Серге́евна! Я давно́ вас не ви́дел. Где вы бы́ли?
   - А вы ра́зве не зна́ете, что я _____езжа́ла?
   - Нет. Куда́?
   - На Байка́л. Отдыха́ла там.
   - И давно́ вы _____е́хали?
   - Три дня наза́д.

4. - Извини́те, мо́жно Влади́мира Миха́йловича?
   - К сожале́нию, он уже́ _____шёл домо́й.

5. - Ле́ночка, вы не зна́ете, где дире́ктор?
   - Он _____лете́л в Хаба́ровск на конфере́нцию.
   - А когда́ он _____е́дет?
   - Че́рез неде́лю.

6. - Ребя́та, вы уже́ _____хо́дите?
   - Да, нам пора́. Метро́ закрыва́ется в 12 часо́в.

переда́ть *св*

я	переда́м	мы	_____
ты	переда́шь	вы	_____
он	_____	они	передаду́т

имп.: переда́й, -те

10.5 Закончите диалоги.

а) - Слу́шаю!
   - _____ господи́на Чистяко́ва?
   - А кто его́ _____ ?
   - Ка́рлос Ферна́ндес.
   - Его́ сейча́с _____ . Что ему́ **переда́ть**?
   - Переда́йте, пожа́луйста, что _____ Ферна́ндес из Испа́нии.
   - Хорошо́, _____ переда́м.

б) - Серге́й, переда́й,_____ , Ви́ктору, что я _____
   ждать его́ в буфе́те.
   - Не беспоко́йся, переда́м.

в) - Алло́.
   - _____ , пожа́луйста, Ната́шу.
   - _____ спра́шивает?
   - Алексе́й.
   - Ната́ша_____ на экску́рсию. Что ей _____ ?
   - _____ , что звони́л Алексе́й Смирно́в.
   - Обяза́тельно _____ .

10.6 Слушайте и пишите.

Что?	Когда?

1. Вечером магазины
   открываются
   закрываются	

2. Урок русского языка
   начинается
   кончается	

3. Последняя электричка в Тулу уходит	
4. Рейс № 23 из Москвы прилетает	
5. Друзья встретились у касс вокзала	
6. Завтра туристы пойдут на экскурсию в Кремль	
7. Передача о чемпионате мира по футболу начнётся	

10.7 ВСТРЕЧАТЬ / ВСТРЕТИТЬ – ВСТРЕЧАТЬСЯ / ВСТРЕТИТЬСЯ

1. Сегодня они договорились _____ с Валей у касс вокзала.

2. Когда я шла на работу, я **случайно** _____ своего старого товарища.

3. Давай _____ завтра в два часа?

4. Мы всегда очень рады, когда _____ со своими испанскими друзьями.

5. В воскресенье Коля поедет в аэропорт _____ своих коллег из Аргентины.

10.8 Читайте и пишите.

> *Вера!*
> *Вечером поедем на дачу. Позвони на вокзал*
> *и узнай, когда идёт электричка.*
> *Твоя подруга поедет с нами?*
> *Скоро приду.*
>
> *Павел.*

Па́вел написа́л запи́ску Ве́ре. В запи́ске он пи́шет, _____

_____

Он про́сит, _____

_____

Па́вел спра́шивает, _____

Он пи́шет, _____

10.9 а) Напишите записки.

- Пригласи́те дру́га (подру́гу) на пляж. Договори́тесь о вре́мени и ме́сте встре́чи.
- Приглаше́ние на день рожде́ния. Скажи́те, когда́ и куда́ на́до прийти́.
- Ваш знако́мый е́дет в Петербу́рг. Попроси́те купи́ть ди́ски с пе́снями на ру́сском языке́.

б) Напишите эти записки в косвенной речи. (Escriba estas notas en estilo indirecto)

10.10   Пишите. КОТОРЫЙ, КОТОРАЯ, КОТОРОЕ, КОТОРЫЕ.

1. Мой брат пригласи́л на день рожде́ния колле́г, _____*с кото́рыми*_____ вме́сте рабо́тает.

2. Я купи́ла здесь словари́, _____ не́ бы́ло в том большо́м магази́не.

3. Вчера́ в наш го́род прие́хал дирижёр, _____ писа́ли в газе́тах.

4. У моего́ сосе́да есть больша́я колле́кция ма́рок, _____ он собира́л мно́го лет.

5. Ка́ждый день в аэропорту́ испа́нские ги́ды встреча́ют иностра́нных тури́стов, _____ прилета́ют из всех стран ми́ра.

6. Позавчера́ во Дворце́ Му́зыки мы слу́шали ру́сских музыка́нтов, _____ _____ случа́йно познако́мились, когда́ гуля́ли по бульва́ру.

7. Врач, _____ ты ходи́ла, живёт в на́шем до́ме.

8. Тури́сты побыва́ли в стари́нных ру́сских города́х, _____ им о́чень понра́вились.

9. На вокза́ле нас провожа́ли друзья́, _____ мы жи́ли 2 неде́ли.

10. Вчера́ я познако́мился с твои́м отцо́м, _____ ты о́чень похо́ж.

10.11   Пишите.

день: *выходно́й, холо́дный, жа́ркий, свобо́дный...*_____

здоро́вье: _____

год: _____

сеа́нс: _____

такси́:   _____

доро́га: _____

студе́нт: _____

вре́мя: _____

телефо́н: _____

мо́ре: _____

10.12 Переведите.

1. Los fines de semana navego en mi barca por el lago.

2. Deme, por favor, un billete de ida y vuelta a Vladimir.

3. Él os esperará al lado de las taquillas de la estación a las 11.15.

4. - ¿Cuándo te vas de viaje de trabajo?   - El 13 de mayo.

5. - ¿De qué equipo es usted hincha?   - Del equipo «Lokomotiv».

6. Los viernes practico el boxeo en el gimnasio al lado de mi casa.

7. - ¿Dónde está Fedor Mijailovich?   - Ya se ha ido a casa.

8. - ¡Buen fin de semana!   - Igualmente.

 10.13 Напишите сочинение «Мои планы на выходные дни».

а) Куда вы поедете?
б) На чём?
в) К кому?
г) С кем?
д) Что вы там будете делать?
е) Когда вы вернётесь?

Задание А.

Вчера́ была́ суббо́та, пого́да была́ прекра́сная. Обы́чно в таку́ю пого́ду мы с друзья́ми е́здим - 1 - . Мы реши́ли пое́хать на пляж и договори́лись - 2 - у касс вокза́ла полдеся́того утра́.

Бы́ло уже́ без че́тверти - 3 - , пришли́ все друзья́, а Кири́лла всё не́ было. Вот ушла́ одна́ электри́чка, друга́я... Кири́лл пришёл то́лько в де́сять. Мы сказа́ли ему́, что все электри́чки , - 4 - мы могли́ е́хать, уже́ ушли́, и что тепе́рь на́до ждать час. Ему́ бы́ло - 5 - , что он опозда́л.

Наконе́ц, че́рез час мы - 6 - на электри́чку и пое́хали. В по́лдень мы бы́ли на пля́же. Там мы игра́ли в футбо́л, вода́ была́ о́чень - 7 - , но Кири́лл реши́л искупа́ться. Когда́ мы возвраща́лись домо́й, Кири́лл - 8 - пло́хо, у него́ - 9 - голова́ и го́рло. Коне́чно, - 10 - он не купа́лся, он - 10 - прекра́сно.

За́втра его́ роди́тели - 11 - врача́ из поликли́ники, - 11 - у него́ бу́дет температу́ра.

1. а) за́ городом   б) из го́рода   в) за́ город   г) до го́рода

2. а) встре́тить   б) встреча́ть   в) встре́титься   г) уви́деть

3. а) деся́того   б) де́сять   в) оди́ннадцать   г) оди́ннадцатого

4. а) с кото́рыми   б) на кото́рых   в) кото́рые   г) до кото́рых

5. а) ску́чно   б) по́здно   в) сты́дно   г) ду́шно

6. а) се́ли   б) сади́лись   в) взя́ли   г) войдём

7. а) хо́лодно   б) холо́дная   в) холодне́е   г) са́мая холо́дная

8. а) боле́ет   б) почу́вствовал себя́   в) боле́л   г) боли́т

9. а) боле́ли   б) боле́ют   в) чу́вствовал себя́   г) боля́т

10. а) е́сли ... чу́вствовал себя́   б) е́сли бы ... чу́вствует себя́
    в) е́сли бы ... чу́вствовал бы себя́   г) е́сли ... почу́вствует себя́

11. а) вы́зовут ... е́сли   б) вы́звали ... е́сли бы
    в) позвони́ли бы ... е́сли бы   г) позвоня́т ... е́сли

Задание Б.

12. Я спроси́ла Ви́ктора, ... он к врачу́.
    а) что́бы ходи́л   б) ходи́л ли   в) что ходи́л   г) е́сли бы ходи́л

13. Па́вел Никола́евич хо́чет, ... его́ сын пое́хал в Испа́нию изуча́ть испа́нский язы́к.
    а) хотя́   б) поэ́тому   в) что́бы   г) что

14. - Здесь ... кури́ть?
    - ..., здесь ма́ленькие де́ти.
    а) могу́ ... не могу́   б) мо́жно ... нельзя́
    в) мо́жно ... мо́жешь   г) мо́жешь ... могу́

15. Включи́ли свет, и в за́ле ста́ло ...
    а) светло́   б) темно́   в) ду́шно   г) шу́мно

16. - Я куплю́ ру́сско-испа́нский слова́рь.
    - ..., у меня́ есть, я тебе́ дам.
    а) не купи́   б) покупа́й   в) не покупа́й   г) купи́

17. ... о́чень понра́вилось путеше́ствие по Испа́нии.
    а) на́ших ру́сских друзе́й   б) на́шим ру́сским друзья́м
    в) на́ши ру́сские друзья́   г) о на́ших ру́сских друзья́х

18. На ста́нции «Пло́щадь Испа́нии» нам на́до ... , поэ́тому мы должны́ ...
    на сле́дующей остано́вке.
    а) сде́лать переса́дку... вы́йти   б) вы́йти ... идти́
    в) идти́ ... сде́лать переса́дку   г) войти́ ... прийти́

19. Ба́бушка боле́ет, сего́дня ве́чером я пойду́ ... домо́й.
    а) её   б) у неё   в) к ней   г) с ней

20. - ... ты ходи́ла в университе́т, ведь уже́ кани́кулы?
    - ... встре́титься с подру́гой.
    а) заче́м ... потому́ что   б) почему́ ... потому́ что
    в) почему́ ... поэ́тому   г) заче́м... что́бы

Урок 1

1.1 1. врачи; 2. письма; 3. журналы; 4. матери; 5. тетради; 6. деревни; 7. семьи; 8. стулья; 9. люди; 10. сёстры

1.3 1. завтракаем; позавтракали; 2. посмотрели; пошли; 3. писал; играли; 4. покупаю; купил; 5. отвечаешь; спросила; ответил

1.4 2. спрошу; 3. скажу; 4. помогу; 5. смогу; 6. напишу; 7. отвечу; 8. поеду; 9. познакомлюсь; 10. договорюсь (договоримся)

1.6 2 - А; 3 - Ж; 4 - В; 5 - И; 6 - Б; 7 - Л; 8 - М; 9 - К; 10 - З; 11 – Д; 12 - Г

1.7 а) 1. иду 2. едешь; еду 3. едут; едет
б) 1. хожу 2. иду; ходить 3. ходила; ходишь; ходила; ходила

1.9 1. договорились 2. поздоровались 3. попрощались 4. познакомились

1.11 Он позвонил своей подруге Алёне. Они договорились пойти в кино в 9 часов вечера. В 9 часов Николай пришёл в кинотеатр. Вдруг он услышал: «Какая встреча!». Это был его старый друг, Максим. Николай поздоровался с Максимом и девушкой, которая пришла вместе с ним. «Ты знаком с Наташей?» - спросил Максим. - «Ещё нет. Очень рад с вами познакомиться», - сказал Николай Наташе.
Наконец, пришла Алёна. Она познакомилась с Максимом и Наташей. Они договорились поехать вместе за город, в субботу. Николай и Алёна попрощались с Максимом и Наташей и пошли смотреть фильм.

1.12 1. - Мы знакомы?
  - Да, вас зовут Хорхе. Мы с вами познакомились на вечере в университете.
2. Наташа познакомилась с новым испанским студентом, которого зовут Оскар.
3. Друзья договорились пойти вечером на дискотеку.
4. Разрешите представиться. Я ваш новый директор. Меня зовут Игорь Борисович Макаров.
5. К сожалению, я не могу поехать с вами за город. У меня экзамен в понедельник.
6. Уже 11 часов вечера. Нам пора, Катя. Марина хочет спать, ей завтра надо рано вставать.
7. Рады с вами познакомиться.
8. Меня зовут Михаил. Можно просто Миша.
9. Сергей и Анна поздоровались со своей новой соседкой.
10. - Вы меня не помните? Мы с вами познакомились в прошлом году в Испании.

Урок 2

2.2 2 - г; 3 - ж; 4 - е; 5 - в; 6 - а; 7 - д

2.4 1. нет / не́ было; 2. бу́дут; 3. не бу́дет; 4. был, была́

2.7 1. о́чень, мно́го; 2. о́чень, мно́го; 3. мно́го; 4. о́чень, о́чень, мно́го

2.8 три я́блока, две гру́ши;
одно́ я́блоко и́ли три гру́ши;
одно́ я́блоко, одну́ гру́шу, оди́н бана́н;
три я́блока, три гру́ши, три бана́на;
одно́ моро́женое

2.10 б) в университе́те; ста́рший брат; но́вый компью́тер; о писа́теле Турге́неве

2.11 2. в Мадри́де, в Испа́нии; 3. Моего́ отца́; 4. в Автоно́мном университе́те;
5. в хими́ческой лаборато́рии; 6. их; 7. свобо́дного вре́мени;
8. в музе́и, на вы́ставки, в кино́; 9. Мне; 10. с мои́м дру́гом Анто́нио;
11. с мое́й подру́гой Мари́ной; 12. У моего́ отца́;
13. с мои́м дя́дей и мое́й двою́родной сестро́й Ка́тей.

Урок 3

3.2 1. э́тот, тот; 2. ту; 3. э́ту; 4. ту, ту

3.3 2. стои́т, стоя́ть; 3. сто́ит; 4. сто́ит; 5. стои́м

3.4 2. в хокке́й; 3. на пиани́но; 4. на гита́ре; 5. в те́ннис, в пинг-по́нг

3.6 а) 2 - м; 3 - д; 4 - с; 5 – б; 6 - п; 7 - в; 8 - з; 9 - о; 10 - а
11 - ж; 12 - к; 13 - л; 14 - р; 15 - и; 16 - е; 17 - г

3.7 а) 1. В Москве́; 2. оди́ннадцать; 3. францу́зский; 4. в октябре́;
5. 14-го декабря́ 1825 го́да; 6. в 1836; 7. 10-го февраля́ 1837 го́да.

3.8 в деся́том ве́ке; в э́ту дере́вню; кото́рая; ему́; в девятьсо́т пятьдеся́т пя́том
году́; с гре́ческим импера́тором и патриа́рхом Константи́ном; ей; О́льги;
в девятьсо́т во́семьдесят восьмо́м году́.

Ключи к упражнениям

Урок 4

4.1
1. инженéром; 2. официáнтом; 3. пенсионéр; продавцóм; 4. врачóм; медсестрóй;
5. кассúром

4.2
1. ты жил/á в дерéвне; 2. он позвонúл мне; 3. онá помоглá мне; 4. ты хорошó
говорúл/а по-рýсски; 5. онú поздрáвили её; 6. онá пришлá на урóк

4.3
1. ýчится; стать; 2. учúл/а; 3. вýучил/а; 4. ýчим (изучáем); 5. занимáется;
6. сдавáть; поступúть (поступáть); 7. занимáются; 8. ýчится;
9. занимáешься; интересýюсь

4.4
1. начинáются; кончáются / кóнчил
2. нáчался / кóнчился / кóнчили
3. начинáются; кончáются / начинáются (началúсь)

4.5
1. во врéмя; 2. во врéмя; 3. пóсле; 4. пóсле; 5. во врéмя; 6. во врéмя; пóсле;
7. пóсле; 8. во врéмя; 9. во врéмя

4.6
1. Во врéмя óтпуска; 2. Во врéмя учёбы; 3. Во врéмя обéда; 4. Во врéмя концéрта

4.7
1. говорúть по-испáнски; 2. во врéмя спектáкля / нельзя́; 3. идтú домóй / мóжно;
4. мóжно (на балкóне); 5. чéрез час / купáться в бассéйне

4.8
1. éздил / поéхать; 2. éздили / бýли / поéхали / бýли;
3. был/á / поéхать; 4. был/á / éздил/а

4.9
1. - Чем интересýется твоя́ стáршая дочь? - Инострáнными языкáми.
2. В понедéльник и срéду я хожý в спортзáл вмéсте с моúми друзья́ми.
3. - Кем ты стáнешь, когдá кóнчишь университéт? - Шкóльным учúтелем.
4. Ивáн поступúл на филологúческий факультéт два гóда назáд. Он кóнчит университéт
   чéрез три гóда.
5. - Чем ты лю́бишь занимáться в свобóдное врéмя? - Рýсским языкóм.
6. Моемý дéдушке нрáвится игрáть со своúми мáленькими внýками.

Урок 5

5.1
отéц, брат, сестрá, бáбушка, дéдушка, тётя, дя́дя, двою́родный брат,
двою́родная сестрá

5.3 увúдела, смотрéла,
спросúла, отвéтила, сказáла,
сказáла, подýмала, взялá, пошлá,
пришлá, приготóвила, далá,
съéла, дýмала, встрéтила

5.4 а) 2. нýжно, должнá; 3. должны́, дóлжен, нýжно; 4. нýжно, должнá
б) 1. нýжен, нужны́, нужнá; 2. нýжно, нужнá; 3. нужны́, нýжно

5.5 кýпят - купú(те), напúшут - напишú(те), покáжут - покажú(те),
скáжут - скажú(те), посмóтрят - посмотрú(те), отвéтят - отвéть(те),
посовéтуют - посовéтуй(те), договóрятся - договорú(те)сь, возьмýт - возьмú(те)

5.6 1. Úгорь Ивáнович, отвéтьте, пожáлуйста, на моё письмó.
2. Лéна, прочитáй послéдний ромáн Пелéвина.
3. Сергéй, посмотрú нóвый францýзский фильм.
4. Натáша, покажúте мне, пожáлуйста, центр гóрода.

5.7 1. Не отвечáй на э́то письмó!
2. Не пишú Тамáре!
3. Не звонú дирéктору!
4. Не покáзывай фотогрáфии!
5. Не спрáшивай Ивáна!
6. Не покупáй билéты на сегóдня!

5.8 2. в суббóту; 3. с седы́ми волосáми; 4. с длúнной бородóй; 5. с усáми;
6. в джúнсах; 7. в крáсной футбóлке; 8. дéвушку; 9. мне; 10. меня́; 11. егó;
12. с нáми; 13. профéссором; 14. продавцóм; 15. худóжница; 16. емý;
17. дрýгу; 18. о футбóле; 19. с тобóй; 20. об э́том (э́то)

5.9 а) 2 – В; 3 – В; 4 – Н; 5 – В; 6 – Н; 7 - В; 8 – В; 9 – Н; 10 – Н; 11 – Н;
12 – В; 13 – Н
б) 1. 10 лет; 2. в другóм гóроде; 3. учúтельницей; 4. фотогрáфия
5. свою́ подругу Вéру и её брáта; 6. красúвая жéнщина с тёмными волосáми
7. худóй; 8. инженéром; 9. на автомобúльном завóде

5.10 1. Моя́ племя́нница - óчень красúвая дéвушка высóкого рóста, у неё рýсые
вóлосы и зелёные глазá.
2. Мне нужны́ нóвые тýфли. Мóжешь пойтú со мной в магазúн? Я хочý, чтóбы
ты мне посовéтовал(а), какúе тýфли купúть.
3. Друзья́ всегдá помогáют друг дрýгу.

4. Расскажи мне, пожалуйста, о русских городах, о музеях и театрах,
   и о людях, с которыми ты там познакомился (познакомилась).

5. - У меня украли сумку с деньгами и паспортом. Я уже ходил(а) в полицию.
   - А теперь вам нужно пойти в консульство.

Урок 6

6.1
1. б) летит в) едет г) едет
2. а) ходит б) ездит в) летает
3. а) ездил б) летала в) ходила г) ездил

6.2
2. ходила на выставку; 3. ходили в театр; 4. ездили (летали) в Москву

6.3
2. поеду; 3. пойдёт; 4. полетит

6.4
1. а) англичанин; б) из Англии; в) английский
2. а) русский; б) из Германии; в) русский
3. а) португалец; б) из Португалии; в) португальский
4. а) немец; б) из Германии; в) немецкий.

6.5
2. ехали; 3. шёл; 4. летели

6.6
2. видели, встретили; 3. встречу; 4. видел(а)

6.8
1. 15/7; 30/7
2. на Чёрное море (в Сочи), 1/8
3. 3/6, через 10 дней
4. на дачу, в субботу

6.9
1. иностранными языками; 2. все каникулы; 3. Новые студенты;
4. о своих сыновьях; 5. с моими родителями; 6. школьников и учителей;
7. братьев и сестёр; 8. преподавателей на студенческий вечер;
9. в газетных киосках; 10. в Аргентину и Чили; 11. с известными русскими
артистами; 12. маленькие дети; 13. моих друзей; 14. на стадионах
и в спортивных залах; 15. русские друзья; 16. на концерты; 17. своих подруг

Урок 7

7.1
2 - д; 3 - з; 4 - е; 5 - ж; 6 - а; 7 - в; 8 - г; 9 - и

7.3
1. повесила ... на стену; 2. положил ... на кровать; 3. поставила ... на окно;
4. повесил ... в шкаф; 5. поставим ... на полку, ... положим в стол

7.4 у … друзе́й / удо́бную / све́тлая / выхо́дят / стои́т / не…больша́я / не то́лько … но и / поста́вили / напро́тив / вися́т / стоя́т / лежа́т / на полу́ / столо́вой / совреме́нная / понра́вилась

7.5 1. е́здили / пое́дем; 2. вошёл; 3. выхо́дит / идёт; 4. вхо́дит; 5. вы́шли; 6. прие́хали; 7. пойдём; 8. пришли́

7.6 краси́вая ме́бель / после́дний раз / высо́кие дере́вья / чи́стая бума́га / ночно́й по́езд / дли́нная анке́та / цветны́е фотогра́фии / свобо́дный но́мер

7.7
1. У мои́х ро́дственников есть небольша́я да́ча, в кото́рой они́ живу́т всё ле́то.
2. - Ты заказа́л биле́ты в теа́тр? - Нет, забы́л. Закажу́ за́втра.
3. Во вре́мя Олимпиа́ды в гости́ницах обы́чно нет свобо́дных номеро́в.
4. В гости́нице вы должны́ запо́лнить а́нкету.
5. В э́том администрати́вном зда́нии лифт спра́ва от вхо́да, а спра́вочная - сле́ва.
6. - Не по́мню, куда́ я положи́л/а слова́рь. - По-мо́ему, он лежи́т на столе́ в кабине́те.
7. Евге́ний вошёл в ко́мнату и пове́сил своё пальто́ на ве́шалку.
8. Когда́ Ла́ура прилете́ла в Москву, она́ поменя́ла де́ньги в аэропорту́.
9. Ла́уре понра́вился но́мер в гости́нице, потому́ что окно́ выходи́ло в парк.
10. Ла́ура вы́шла из но́мера и поехала на Кра́сную пло́щадь, о кото́рой она́ так мно́го чита́ла.

7.8 Дорого́й / но́мере / о / останови́лась (живу́) / хожу́ / недалеко́ / на / Мне / че́рез / мо́ре / мне/ у тебя́ / что / ра́да / нужна́

Урок 8

8.1 1. хоро́ший / хорошо́; 2. интере́сную / интере́сно; 3. плоха́я / пло́хо; 4. хо́лодно / холо́дный; 5. чи́стый / чи́сто; 6. свобо́дный / свобо́дно 7. ре́дкая / ре́дко; 8. дешёвые / дёшево

8.3 1. лу́чше; 2. ме́ньше; 3. доро́же; 4. грязне́е; 5. длинне́е и ши́ре; 6. быстре́е; 7. вы́ше; 8. ме́дленнее; 9. бо́льше; 10. вкусне́е; 11. ра́ньше

8.4 1. Евра́зия; 2. Росси́я; 3. Ватика́н; 4. Амазо́нка; 5. Университе́т в Салама́нке

8.5 2 - е; 3 - ж; 4 - д; 5 - а; 6 - б; 7 - в

8.6 а)

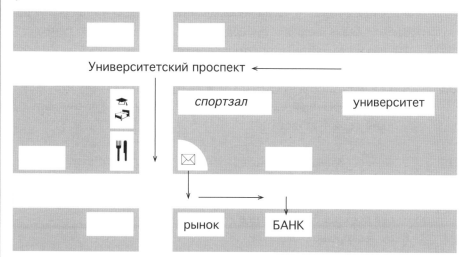

8.7 1. прилете́ла; 2. пошли́; 3. ходи́ли; 4. лета́л (е́здил); 5. дое́хать; 6. вы́йти; 7. е́здит (лета́ет); 8. дошли́; 9. шла; 10. входи́те; 11. пое́ду; 12. е́хала

8.8 1. Наш дом нахо́дится недалеко́ от це́нтра го́рода.

2. Ско́лько жи́телей в ва́шем го́роде?

3. В больши́х города́х на окра́ине стро́ят мно́го но́вых совреме́нных зда́ний.

4. Де́ти е́здят по па́рку (в па́рке) на велосипе́дах.

5. На вы́ставке мы познако́мились с тури́стами из Москвы́.

6. Ты давно́ не ви́дел/а свои́х шко́льных това́рищей?

7. В э́том го́роде нет широ́ких у́лиц.

8. В Москве́ я всегда́ остана́вливаюсь у свои́х друзе́й.

9. На симпо́зиум прие́хали учёные из всех стран.

10. Остано́вка авто́буса нахо́дится в конце́ у́лицы, напро́тив больни́цы.

8.9 а) 1 - б; 2 - г; 3 - е; 4 - а; 5 - ж; 6 - д; 7 - в

Урок 9

9.1 1. За ва́ше здоро́вье; 2. На здоро́вье; 3. Будь здоро́ва

9.2 голова́

9.3 Поликли́ника / вы́звать / Что с ва́ми / Ско́лько вам лет / Фами́лия, и́мя, о́тчество / Ваш а́дрес

9.4 2. ей уже́ 75 лет; 3. не боле́ет; 4. мно́го чита́ет, хо́дит в кино́; 5. е́здим в лес и́ли в го́ры; 6. была́ небольша́я температу́ра и ка́шель; 7. аспири́н; 8. была́ о́чень высо́кая температу́ра; 9. прие́хала ско́рая по́мощь; 10. на́до принима́ть антибио́тики и мно́го пить

9.5 Что с ва́ми / …себя́ чу́вствую / Температу́ра есть (Кака́я у вас температу́ра) / У вас… / Принима́йте… / ра́за в день / …должны́… / не выходи́ть…/ Пе́йте…/ …пло́хо себя́ чу́вствовать

9.7 2. е́сли бы бо́льше занима́лась
3. е́сли бы у меня́ был рюкза́к
4. е́сли бы вы́играл в лотере́ю
5. она́ пое́хала бы рабо́тать в Росси́ю
6. вы бы хорошо́ отдохну́ли
7. тебе́ бы́ло бы о́чень ве́село
8. у него́ не боле́ло бы го́рло

9.8 2. кото́рого; 3. е́сли бы; 4. хотя́; 5. потому́ что; 6. что́бы; 7. Е́сли; 8. что; 9. когда́; 10. не то́лько…но и; 11. тако́е…как

9.9 боле́ло, на́чал, боле́ет, нра́вится, говори́т, пошёл, сдава́л, сдал, поступи́л, сказа́л, поступа́ть, пошёл, ду́мает, пойдёт

9.10 1. У Зи́ны боли́т зуб, поэ́тому за́втра у́тром она́ пойдёт к зубно́му врачу́.
2. Ви́ктору на́до принима́ть лека́рство два ра́за в день.
3. Врач сказа́л, что Алексе́ю Петро́вичу нельзя́ пить во́дку.
4. Ле́на вы́ключила ра́дио и пошла́ спать.
5. В кла́ссе бы́ло о́чень ду́шно, и учи́тель откры́л окно́.
6. Е́сли бы у мои́х роди́телей была́ да́ча, они́ проводи́ли бы там все выходны́е дни.

9.11 1 - н; 2 - н; 3 - в; 4 - в; 5 - в; 6 - н; 7 - н; 8 - в; 9 - н; 10 - в;

9.12 1. Михаи́л боле́ет, поэ́тому он не мо́жет идти́ к Мари́и на день рожде́ния.
2. Э́тому больно́му нельзя́ встава́ть. Врач говори́т, что он до́лжен лежа́ть.
3. У О́льги Ива́новны ча́сто боли́т се́рдце. Она́ должна́ (ей на́до) пойти́ к врачу́.
4. Серге́ю нельзя́ есть пироги́, потому́ что он о́чень то́лстый.
5. Мое́й сестре́ неприя́тно ходи́ть к Ви́ктору, потому́ что там все ку́рят.
6. У Кла́ры хоро́шее настрое́ние, потому́ что она́ сдала́ экза́мен по ру́сскому языку́.

7. Вы́ключи, пожа́луйста, телеви́зор: мне на́до занима́ться.

8. Но́чью на у́лицах ти́хо: маши́ны в гаража́х, а лю́ди спят.

9. Е́сли бы Анто́н принима́л лека́рство три ра́за в день, как сказа́л врач, он был бы уже́ здоро́в.

10. Е́сли бы у Са́ши бы́ло вре́мя, он(а́) ча́ще ходи́л(а) бы в теа́тр.

Урок 10

10.1
1. Я напишу́ письмо́ мои́м бра́тьям.
2. Ни́на Петро́вна пока́жет Петербу́рг свои́м друзья́м из Эквадо́ра.
3. Альфо́нсо позвони́т свои́м това́рищам.
4. Никола́евы пода́рят свои́м де́тям пода́рки (игру́шки).
5. Подру́га пригото́вит испа́нские блю́да свои́м знако́мым из Росси́и.

10.2
1. из; 2. в, у; 3. на, об; 4. с, за; 5. в; 6. с, на; 7. на, на; 8. к, у; 9. по; 10. по; 11. до

10.3
1. в дли́нном пла́тье и в кра́сных ту́флях
2. свои́х ста́рых друзе́й
3. с ру́сскими тури́стами
4. на́шим студе́нтам
5. свобо́дных номеро́в
6. все магази́ны

10.4
1. уе́хал, прие́дет; 2. придёт; 3. уезжа́ла, прие́хали; 4. ушёл; 5. улете́л, прие́дет; 6. ухо́дите

10.5
а) Мо́жно, спра́шивает, нет, звони́л, обяза́тельно
б) пожа́луйста, бу́ду
в) Позови́те, а кто её, уе́хала, переда́ть, переда́йте, переда́м

10.6
1) 16:30; 19:30
2) 17:15; 19:00
3) 21:30
4) 12:30
5) 8:45
6) 10:30
7) 20:45

10.7 | 1. встре́титься; 2. встре́тила; 3. встре́тимся; 4. встреча́емся; 5. встреча́ть

10.8 | В запи́ске он пи́шет, *что ве́чером они́ пое́дут на да́чу.* Он про́сит, *что́бы она́ позвони́ла на вокза́л и узна́ла, когда́ идёт электри́чка.* Па́вел спра́шивает, *пое́дет ли её подру́га с ни́ми.* Он пи́шет, *что ско́ро придёт.*

10.10 | 2. кото́рых; 3. о кото́ром; 4. кото́рую; 5. кото́рые; 6. с кото́рыми; 7. к кото́рому; 8. кото́рые; 9. у кото́рых; 10. на кото́рого

10.12 | 1. В выходны́е дни я ката́юсь (пла́ваю) на свое́й ло́дке по о́зеру.
2. Да́йте, пожа́луйста, оди́н биле́т во Влади́мир туда́ и обра́тно.
3. Он бу́дет ждать вас на вокза́ле у касс че́тверть двена́дцатого.
4. - Когда́ ты пое́дешь (уезжа́ешь) в командиро́вку? – 13-ого ма́я.
5. - За каку́ю кома́нду вы боле́ете? - За «Локомоти́в».
6. По пя́тницам я занима́юсь бо́ксом в спортза́ле недалеко́ от (о́коло) моего́ до́ма.
7. - Где Фёдор Миха́йлович? - Он уже́ ушёл домо́й.
8. - Жела́ю тебе́ (вам) хорошо́ провести́ выходны́е.
   - Спаси́бо, и тебе́ (вам) то́же.

Биле́т в оди́н коне́ц /10
Billete de ida

Биле́т на сре́ду, ... /6
Entrada (billete) para el miércoles, ...

Биле́т туда́ и обра́тно /10
Billete de ida y vuelta

Боле́ть за кома́нду ... /10
Ser hincha del equipo ...

Бу́дьте здоро́вы! /9
¡Salud! (al estornudar)

Быть за́ городом /3
Estar fuera de la ciudad, en el campo

Быть за грани́цей /7
Estar en el extranjero

В чём он (она́)? - В брю́ках. /5
¿Qué lleva puesto? - Unos pantalones.

Ведь прошло́ сто́лько лет! /6
¡Es que han pasado tantos años!

Всё пра́вильно /5
Todo está correcto

Всего́ хоро́шего! /1
¡Que vaya bien!

Вы́звать врача́ на́ дом /9
Llamar al médico a domicilio

Де́лать переса́дку /8
Hacer trasbordo

До за́втра / До встре́чи /1
Hasta mañana / Hasta la vista

Договори́лись /1
De acuerdo

Е́здить за грани́цу /2
Ir (viajar) al extranjero

Е́хать за́ город /1
Ir fuera de la ciudad, al campo

Жела́ю тебе́ всего́ хоро́шего /7
Te deseo lo mejor

Желаю тебе́ (вам) хорошо́ провести́ выходны́е /10
Te (le) deseo buen fin de semana

За ва́ше здоро́вье! /9
¡A su salud!

Занима́ться спо́ртом /10
Hacer deporte

Знако́мы (они́) /1
Se conocen

Игра́ть на гита́ре, ... /3
Tocar la guitarra, ...

Иди́те пря́мо, напра́во, нале́во /8
Vaya recto, a la derecha, a la izquierda

Как бы́стро лети́т вре́мя! /6
¡Cómo vuela el tiempo!

Как вы́глядит э́та де́вушка? /5
¿Qué aspecto tiene esta joven?

Как дое́хали? Как долете́ли? /6
¿Cómo le ha ido el viaje?

Как дое́хать до це́нтра? /6
¿Cómo llegar hasta el centro?

Как по-ва́шему? /8
¿Qué le parece? ¿Qué opina?

Куда́ е́хать? /6
¿Adónde le llevo? ¿Adónde quiere ir?

Мне ску́чно /9
Estoy aburrido

Мо́жно Ли́дию? /10
¿Se puede poner al teléfono Lidia?

На здоро́вье! /9
¡Que aproveche!

Находи́ться спра́ва, сле́ва, напро́тив /8
Estar situado a la derecha, a la izquierda, enfrente

Не беспоко́йся, всё бу́дет отли́чно /5
No te preocupes, todo irá bien

Не мо́жет быть! /6
¡No puede ser!

Не тако́й ..., как ... /8
: No es tan ..., como ...

Ни пу́ха, ни пера́! - К чёрту! /4
: ¡Mucha suerte! - ¡Al diablo!

Ну и как? /8
: ¿Y qué tal?

Ну что ж /3
: Bueno, está bien

Ну что ты! /8
: ¡Qué va! ¡Qué dices!

Ну, как хо́чешь /9
: Bueno, como quieras

О́кна выхо́дят во двор /7
: Las ventanas dan al patio

Останови́ться, жить, быть у ... /7
: Alojarse, vivir, estar en casa de ...

Переда́йте, пожа́луйста, что звони́л ... /10
: Dígale, por favor, que llamó ...

Пло́хо (хорошо́) себя́ чу́вствовать /9
: Sentirse mal (bien)

По понеде́льникам ... /10
: Los lunes ...

Поверни́те напра́во, нале́во /8
: Gire a la derecha, a la izquierda

Поздравля́ю! /3
: ¡Felicidades!

Позови́те, пожа́луйста, ...? /10
: ¿Se puede poner al teléfono ...?

Поменя́йте, пожа́луйста, ... е́вро /7
: Cámbiame, por favor, ... euros

Помога́ть друг дру́гу /5
: Ayudarse mutuamente

Похо́ж/а (он/она́) на ... /5
: Se parece a ...

Похо́жи, как две ка́пли воды́ /5
: Se parecen como dos gotas de agua

Принима́ть лека́рство три ра́за в день /9
Tome este medicamento tres veces al día

Проходи́те! /6
¡Pase!

Рад/а с ва́ми познако́миться /1
Encantado/a de conocerle

Разреши́те предста́виться! /1
¡Permítame que me presente!

Разреши́те про́йти! /8
¡Permítame pasar!

С прие́здом! Добро́ пожа́ловать! /6
¡Bienvenidos!

Сиде́ть до́ма /2
Quedarse en casa

Ско́лько с меня́? /6
¿Cuánto le debo?

Ско́лько сто́ит ...? /3
¿Cuánto cuesta ...?

Стоя́ла прекра́сная пого́да /10
Hacía un tiempo espléndido

Счастли́вого пути́! /6
¡Buen (feliz) viaje!

Тёплая оде́жда /7
Ropa de abrigo

То́лько что пришёл, прие́хал /6
Ahora mismo ha llegado, acaba de llegar

У меня́ боли́т голова́ /9
Me duele la cabeza

У меня́ хоро́шее (плохо́е) настрое́ние /9
Estoy de buen (mal) humor

У́тро ве́чера мудрене́е /2
La almohada es un buen consejero

Ходи́ть, е́здить к ... /9
Ir a casa de ...

Что ему́ (ей) переда́ть? /10
¿Quiere dejar algún recado?

Что же мне де́лать? /7
 ¿Y qué puedo (debo) hacer?

Что с ва́ми? /9
 ¿Qué le pasa?

Что случи́лось? /5
 ¿Qué ha sucedido?

Экза́мен по матема́тике, по ру́сскому языку́ ... /4
 Examen de matemáticas, de ruso ...